校長先生の話って退屈なものですか？

段 正一郎 著

学校に吹く風［2］講話編

鉱脈社

はじめに

校長の話は昔から長くて退屈なものと、相場は決まっています。でも、あえてそのお約束に挑戦したいと思いました。生徒の心に届く言葉を持っているかということは、先生であれ校長であれ、教師の生命線だと思っています。

校長が生徒の前で話す正式な式辞やあいさつというと、入学式と卒業式、それから各学期の始業式・終業式を合わせても、年に八回しか機会はありません。たった八回です。もちろん学校行事等でのあいさつなど小さな機会はいくつもありますが、本格的に語りかける機会はそんなに多くはありません。

「いい授業をしてください」と、常日頃から先生方にお願いしているその校長自身のたった八回の話がつまらないとしたら、先生方に示しがつきません。(すみません。ちょっとエラそうに言いました。本を出すなんて、そんなにないことですから、つい力が入ったんですね。示しなんか、一度もついたことはないのです)。

そんな校長ではありますが、校長あいさつはある意味で勝負だと思って、毎回臨みました。また、あいさつはその都度学校ホームページにも掲載しました。保護者や本校を目指す中学生に読んでもらえれば、本校がどんな学校か理解されるだろうと思ったからです。

勝負はどうだったか、自分ではわかりません。ただ私は、生徒指導や進路指導担当の先生が話した方がいいような具体的な話だけはすまいと思っていました。学ぶ意味とか、青年期の葛藤とか、実務的ではないけど本質的な話題について一緒に考え、語りかけたかったのです。

高いところからものを言うと、ついついエラそうなことを言ってしまいます。私は自分がそんなに立派な人間でないことは自分でもよくわかっていましたから、自分ができないことや精神論だけは言うまいと決めていました。

その四年間の記録がこの一冊です。一年間の季節の移り変わりを感じながら、読んでいただけると幸いです。

〔目　次〕

カバー絵・カット　甲斐　稀尋

校長先生の話って
退屈なもの　ですか?

個性的に生きるために

～平成二十五年度式辞～

胸を張って生きる

入学式式辞
平成25年4月10日

ただいま名前を呼ばれました二百四十六名の皆さんの入学を、在校生・教職員一同心から歓迎いたします。

さて、本日のこの喜びは、皆さん一人ひとりの努力の賜ではありますが、その陰には、皆さんを慈しみ育てられたご家族、教えを受けた先生方など多くの方々のご苦労があったことを忘れてはなりません。本日新しく第一歩を踏み出されるにあたり、これらの方々のご恩に報いるためにも、より一層の努力を期待いたします。

本校は、明治三十二年（一八九九）に創立された宮崎県立延岡中学校をその始まりとし、併せて旧制延岡高等女学校の伝統を引き継いで、今年で創立百十四年を迎える、県内でも屈指の伝統校であります。けれども、伝統のみを、歴史の長さのみを誇る学校であってはなりません。

普通科の通学区の撤廃とメディカル・サイエンス科の創設により、本校に対する地域の期待はますます高まり、優秀な人材が集まって来ています。本校に寄せられた地域社会の期待に応えることこそが本校のミッションであり、生徒一人ひとりが高い志を持って、さらなる飛躍を目指して挑戦していく学校、そういう学校づくりを皆さんと一緒に推し進めようと考えています。

本校卒業生で校歌の作詞者であり、行縢《むかばき》山の麓、祝子川のほとりに住んだ詩人渡辺修三は、かつて「わたしは一本の樹のように胸を張ってまっすぐに立っていたい」と謳いました。

わたしは一本の樹のようになりたい
青い水は体内をのぼり
雲が枝や葉の上をながれる
目をつぶっているが
なにもかも知っている
山の頂上にたいらな青い野原があり
楢やくぬぎが茂っている
ひるまも月夜のように
草やりんどうの花がしっとりぬれている
雷雨が去り
稲妻が山の頂上にきらめく

ひりひりする火の鉄線が無限の空にめいめつしている
谷間に住み
山の仕事をいとなみ
雷雨の去った青い草原の
一本の樹のように
わたしは胸をはってまっすぐに立っていたい

この詩碑は、校門脇に立っているので、在校生の皆さんはご存じのことでしょう。でも、いつも胸を張って、まっすぐに立っていることは、口で言うほどたやすいことではありません。

ヤンキースのイチロー選手の偉大さについては多くの人が語っていますが、私が最も強く印象に残っているのは、横浜ベイスターズの佐々木主浩投手がアメリカに渡って、マリナーズでイチローのチームメイトになったときに評した言葉です。

「イチロー君はすごい選手です。何がすごいかと言って、チャンスで三振しても、堂々と胸を張ってベンチに帰ってくるんですよ。下を向かないんですね」と、佐々木選手は言いました。メジャーリーガーとしてかかる期待の大きさと、それ故のプレッシャーを考えたときに、失敗しても下を向かない精神力というのは、大変なものです。おそらく、イチロー選手の胸中には、その場に備えてやるだけの準備はしてきた、という納得があるのでしょう。結果は、そのときの結果に過ぎないと。

今年、私は本校の重点目標の一番目に、「伝統校にふさわしい骨太の人間力と学力の育成」という項目を掲げました。人間力の備わっていない学力は、虚しいものです。ときに、害毒でさえあります。皆さんは、これから本校で勉学に励んで、地域社会や宮崎県ひいては日本や世界のリーダーとなるべき人材です。どうか、学力と共に人間力の育成にも努力してほしいと思います。そして、いつも堂々と構えて、「胸を張ってまっすぐに立っている」骨太の人間になってほしいと思います。

最後になりましたが、本日ご臨席いただいております保護者の皆様方に、お祝いとお願いを申し上げます。高いところからではありますが、お子様のご入学、誠におめでとうございます。本日から私たち本校教職員一同、皆様の大切なお子様をしっかりお預かりいたします。お子様一人ひとりの能力を高く押し上げていくために、全力を傾注いたします。しかし、当然のことながら、教育は学校だけでできるものではありません。学校と家庭がしっかりと手を取り合って育てていく必要があります。どうか、本校の教育方針にご理解をいただき、ご協力・ご支援を賜りますようよろしくお願いいたします。

さて、新入生の皆さん。いよいよ本校での高校生活が始まります。青春の多感な時期ですから、楽しいことだけではないでしょう。勉学・部活動・友情・恋愛など、様々な喜びと苦しみがこれからの三年間に待ち受けているでしょう。三年間は長いようで短いものです。一日一日を大切にして、本校での三年間が「人生で最高の三年間」だったと心からそう言える充実した三年間を送られることを切に願っています。

そのために、皆さんの高校生活を全力で支援することを、全ての教職員とともにお約束して、本日の式辞といたします。

教室に吹く風

一学期
始業式式辞
平成25年
4月8日

このたび校長として赴任しました段正一郎といいます。どうぞよろしくお願いします。実は、最初に皆さんに残念な報告をしなければなりません。私の髪の毛はちょうど今、冬毛から夏毛への生え替わりの季節を迎えています。せっかく皆さんに初めて会うのに、大変不本意な状態で今日を迎えたわけです。もうしばらく待ってください。見事な夏毛がボワボワ生えてきますからね。

この四月一日に赴任して、今日皆さんにお会いするまでに、すでに一週間が経ちました。その間の印象をお話しします。

まず、あいさつがいいですね。ほとんどの人がきちんと顔を見て、笑顔であいさつをしてくれます。それから清掃に取り組む姿勢が、また素晴らしい。誰もいない中庭で黙々と草を抜いている女生徒がいました。校長室には二人の男子生徒が来てくれましたが、長い清掃時間中休むことなく、絨毯《じゅうたん》に掃除機をかけ、テーブルを拭き、廊下を掃除し、何も指示をしないのに、最後には窓まで拭いてくれました。ちょっと感動したので名前を聞いたら、三年生の徳地君と山本君という生徒でした。

ここだけの話ですが、私はここに来るまで、前任校が県内で最も素晴らしい学校だと思っていましたが、もしかしたら私の認識は間違っていたかもしれないと思いました。内緒の話ですよ。

さて、今あいさつの話をしましたが、私たちは一般に人と人とであいさつをするのが普通です。でも、私は校舎にあいさつをする生徒を見たことがあります。鹿児島県の鶴丸高校という学校です。ここの生徒は登校するときに、校門で一度立ち止まって礼をします。そこに誰もいなくても、礼をするのです。ほぼ全員がするのです。下校するときも、校門で回れ右をして礼をします。友達とおしゃべりをしていても、校門まで来ると振り返って礼をするのです。十年ほど前に、自然発生的にそういう習慣ができた、と聞きました。

彼らは何に対して、頭を下げているのでしょうか。おそらく、「今日も一日よろしくお願いします」と、今日一日の「学び」に対して頭を下げているのだと思います。

同じような意味で、授業開始の礼について考えてみましょう。私は、鶴丸高校を訪問するまでは、あれは生徒が先生に対して、「お願いします」と頭を下げているのだと長い間思っていました。でも、授業開始の時、先生も「お願いします」と言いますね。そう考えると、生徒と先生の間に何かあって、双方がそれに対して、「お願いします」と頭を下げているのではないかと考えるようになりました。

では、その「何か」とは何でしょうか。それは、学問だと思うのです。「これから、私たち先生と生徒は、人類の先輩方が残した叡智について学ばせていただきます。よろしくお願いします」と、言っているのではないでしょうか。

では、その授業に、皆さんはどのような姿勢で臨んでいるでしょうか。そこには、人類の叡智を、遺産を学ぶのだという喜びがあるでしょうか。たんなる知識を注入される苦役となってはいないでしょうか。その毎日の授業に「命」を吹き込むには、どうしたらいいでしょうか。

今日私は、二つのことを提案したいと思います。

まず、一つ目は「なぜ？」と思うことの大切さです。

「わかる」という境地には、「わからない」という状態がなければ行き着くことはできません。「なぜ？」と思わない人に教えることはできないのです。ニュートンは、万有引力を発見した偉大な科学者だと言われます。でも、私は、ニュートンの本当の偉大さは、「なぜ、リンゴは落ちるのだろう」と思ったことだと思います。多くの人の前でリンゴは落ちました。リンゴだけでなく、サルも落ちました。でも、多くの人にとっては、落ちるのは当たり前のことであって、ことさらに「なぜ？」と思う対象ではなかったのです。そんな中で、大きな疑問を持ったニュートンだけは大きな発見に至りました。

人は持っているクエスチョン・マークの大きさの程度にしかわかることはできません。是非、大きな「なぜ?」を持って、授業に臨んでください。

次に、「なぜ?」と思ったら、その思いを先生にぶつけてほしいということです。

皆さんはお笑いが好きですよね。私は、サンドウィッチマンという芸人が大好きです。富澤の「ちょっと、意味わからないんですけど」というボケに対する、伊達のツッコミが最高におかしいですね。で、笑いはいつ起こりますか? 富澤がボケたときではなくて、そのボケに的確に伊達が突っ込んだときではないですか。爆笑問題でもタカトシでも優れたお笑い芸人には、例外なく運動神経のいいツッコミがいますね。授業も同じです。

先生ひとりではいい授業は作れません。皆さんが、「先生、どうしてですか?」と聞いたときに、初めて教室に風が吹き込むのです。教室では、これをツッコミとは言わず、対話と言います。この対話が教室になければ、授業はただの苦役、または作業になってしまうのです。

私たち先生も、いい授業を作るために精いっぱいの努力をします。どうか皆さんも、この二つのことを心に留めて、今年一年授業に臨んでください。そして、活気ある教室にしていきたいものです。

私の17歳の夏

一学期
終業式式辞
平成25年
7月31日

私には、つい数年前まで毎年十二月三十一日の夜の九時を過ぎてから、年に一度だけ会う友人がいました。その男とは中学校の時に出会ってから、もう四十年以上の付き合いになります。今は、県外で医者をしています。大晦日《おおみそか》の九時過ぎというのには少し理由があって、それは実家に帰って、久しぶりの夕食を実家の家族と一緒に食べて、ちょうど紅白歌合戦が始まる頃に、一人息子としての義務から解放されて、やっと自由に昔の友人と飲みに行ける時間なのです。今はもう父親も死んで、大晦日に実家に帰ることもなくなりましたから、この習慣も途絶えてしまいました。

中年の男二人が一年に一度会うというのは、なんとも微妙な感じです。中年は恥ずかしいので、「おう、元気か」なんてオーバーなことは言いません。お互いあまり顔を見ないようにします。飲み屋のカウンターに横に並んで座って、ポツリポツリと話します。

あるとき友人が、「段君、『スタンドバイミー』という映画を観たことあるね?」と切り出しました。皆さんは、この映画を知っていますか。映画よりもベン・イー・キングの歌う音楽の方がむしろ有名ですね。先日の萌樹祭の劇でも、BGMに使っていたクラスがありました。映画は、スティーブン・キングの原作をロブ・ライナーという人が監督しています。スティーブン・キングという人は、『ショーシャンクの空に』とか『グリーン・マイル』を書いたことでも有名ですね。ちなみに、同じ原作と監督の作品に『ミザリー』という映画がありますが、これは私がこれまで観た映画の中で、最高に怖い映画のひとつです。普通の人が、精いっぱい愛情を注いでいるだけなのに、それが怖いんですね。皆さんは、絶対に観ちゃダメですよ。夜にトイレに行けなくなりますからね。

話がそれました。映画の話になると止まらないのです。『スタンドバイミー』の話でした。これは夏休みに四人の少年が、三十キロ先に隠されているという死体を探しに冒険の旅に出るという話です。鉄橋を歩いて渡っていて列車に追いかけられたり、池で泳いでいたら大量のヒルに襲われたり、いろんな体験をします。四人の少年は、それぞれ貧しかったり、両親が精神を病んでいたり、幼いなりにそれぞれのつらい複雑な現実を抱えています。そんな四人が冒険の旅に出るという話です。

私は、友人の言葉を聞いたとき、なぜ彼が『スタンドバイミー』の話を持ち出したか、すぐにわかりました。それは、私たちが高校二年の夏休みに友人四人で九州一周サイクリングの旅に出たことがあったからです。サイクリングなんて言っても、皆さんにはピンと来ないかもしれません。今でもたまに国道沿いを自転車に大きな荷物を積んで旅をする人を見かけますが、昔はそういう人が結構たくさんいたのです。

四人グループの誰がサイクリングに行こうと切り出したか、覚えていません。私は、そのとき母親がガンで入院していました。そんなに長くはないだろうということは、なんとなく感じていました。父親は、「なぜ、こんな大変なときにサイクリングなんかに出掛けなくてはならないんだ」と反対しました。なぜだか、私にもわかりません。でもどうしても行きたかったのです。母親は、病床から「行っていい」と言ってくれました。

お盆明けの夏課外が休みの時期に、私たちは出発しました。朝のまだ薄暗い時間でした。私の故郷は都城です。国道二六九号沿いに、私の母が入院している都城国立病院がありました。朝靄の国立病院を横目で見ながら、自転車で通りました。そのとき私は、どんな上り坂でも絶対に自転車から降りないで、漕ぎ続けようと心に誓いました。そうすれば、奇跡が起こって母親の病気がよくなるかもしれないと思いました。病気の母親を置いて、サイクリングに出掛けるバカ息子の誓いでした。

都城というところは盆地ですから、そこから出ようとしたら、どのルートでも大変な山越えがあります。私はどんな坂道でも自転車から降りずに漕ぎ続けました。歩いて押した方が早いような道でも漕ぎ続けました。「なんで、降りないんだ」と友人たちは口々に言いましたが、私はその理由を絶対に話しませんでした。母親が病気だということさえも話しませんでした。

どうしてあんなにひたむきでいられたのか、今考えると自分でも不思議な気持ちがします。私の母は、夏休みも明けた九月五日に死にました。高校二年生、十七歳のことでした。私がなぜ自転車から降りなかったのか、その理由を友人たちに話したのは、ずっと後の大人になってからのことでした。

さて、今度は私の友人の話です。先ほど、友人は医者をしていると言いました。今では心臓内科のちょっと有名な医者になっています。なぜ、友人は医者になったのか。彼は、在日韓国人でした。私はそのことを中学時代からなんとなく知っていましたが、二人の間でそういう話をすることはありませんでした。友人は、国立大学の工学部に現役で合格しましたが、当時は国籍が違うと企業機密等の関係で、工学部の学生は就職が不利になるというので、そこには行かずに浪人して、就職差別のない医者の道を目指しました。

彼が浪人しているときに、一度飲んだことがあります。そのとき、泥酔した彼が泣きながら、自分はどうしても医者にならなければ日本という社会では生きていけないんだ、というようなことを言いました。四十年の付き合いの中で、在日韓国人として生まれたことについて彼が語ったのは後にも先にもこのときだけです。私はそのとき友人に対して、初めて敬意を感じました。

サイクリングをしながら、私が必死に戦っていたように、私の友人もまた戦っていたのだと思います。だから、友人が、「段君、『スタンドバイミー』という映画を観たね？」と聞いたとき、なぜ彼が今頃そんなことを言い出したのか、すべてわかったような気がしました。「観たよ」と私は答えました。「いい映画やったね」と言いました。この映画がいい映画かどうか、一般的な評価は知りません。ノスタルジックな甘い映画かもしれません。でも、私たちにとっては、いい映画なのです。

なぜ、今日皆さんに、このような話をしたのか。夏休みだから映画を観なさい、と言いたいわけではありません。また、サイクリングに行きなさい、と言いたいわけでもありません。私は、三十七歳の夏にお前は何をしていたか、と聞かれてもすぐには答えられません。四十七歳の夏はどうだったか、と聞かれても答えられません。でも、十七歳の夏はどうだったか、と聞かれれば鮮明に記憶しています。

高校時代というのは、特別な三年間だと思います。青春という言葉で彩られるほど美しくはありません。どちらかというと、苦しくて、惨めで、つらい季節だと思います。どうか、私がそうであったように皆さんにももがいてほしいと思います。その体験が、皆さんの人生の基礎を作ってくれるような気がします。

　さて、明日から、つかの間の夏休みです。夏休みとはいっても、皆さんは多忙ですね。時間をうまく使って、何か皆さんの心に残るような経験ができることを願っています。

新しい学びの形

二学期始業式式辞
平成25年8月21日

二学期の始めに当たり、まずはこうやって全校生徒の皆さんが大きな事故もなく、元気に再会できたことを喜びたいと思います。

休みの間の大きなニュースは、なんと言っても延岡学園野球部の活躍です。今日の午後に準決勝の試合がありますが、同じ市内で学ぶ高校生が全国レベルの戦いをして、しかも、ひとつ勝ち上がるごとに自信をつけていく姿を見るのは、自分の学校のことのようにうれしく誇らしい気持ちがします。

さて、今日は「学びの形」ということについて、お話しします。休みの間の大きなニュースは、なんと言っても延岡学園野球部の活躍です。実は、この延岡学園の準々決勝の試合は、夜の七時を過ぎたのでNHK教育テレビで放映されましたね。試合が終わって、そのまま教育テレビにしていたら、たまたま『テストの花道』という番組が始まったのです。最近は教育テレビもEテレと言って、以前のお堅いイメージと随分変わってきました。皆さんの中にも観た人がいるかも知れません。所ジョージさんとダッシュ村の城島君が進行をする番組でした。内容は、どうすれば効率のよい勉強ができるか、というような特集でした。

そこで、面白い実験をやっていました。実際の高校の日本史の先生に授業をしてもらって、その後に抜き打ちテストを実施したのです。テストの前に、しばらくノートで復習をする時間が与えられました。テストをしてみると、意外な結果が出たのです。最前列と二列目の生徒の平均点が二十点台だったのに対し、前から三列目と四列目の生徒の平均点は六十点台だったのです。その内訳を分析すると、単純な知識を問う問題についてはいずれも差はなかったのですが、記述式で答える問題で大きな差が出ていたのです。

普通に考えると、逆じゃないのかなと思うのですが、実はこれには仕掛けがあって、三列目と四列目の生徒には授業の前に特別なノートの取り方を教えてあったのです。一・二列目の生徒は、先生の板書をそのまま写し取っただけでしたが、三・四列目の生徒は、板書を写し取るときに、自分が疑問に思ったことや先生が大事だと言ったこと、それから感想などをノートの余白に書き込むように指導されていたのです。

実際にノートを取るときの生徒の脳の働きを調べてみると、ただ写し取るだけの生徒の脳はほとんど活動をしていないのに、考えながら写し取っていく生徒の脳は盛んに活動しているのです。皆さんのノートの取り方は、どちらに分類されるでしょうか。

私はこの四月に赴任してきたときに、教頭先生をはじめとして何人かの先生方に、「本校の一番の問題点は、何だと感じていますか?」と聞きました。すると、多くの先生方は、「三年生になって、成績が落ちることです」とおっしゃるのです。「それは本校に限らず、宮崎県の普通科高校全体の傾向ではありませんか?」と聞き返すと、「そうなんですが、本校の場合はその傾向が他校より顕著であるように感じます」という答えが返ってきました。

私はそれを勝手に『延高問題』と名付けました。なぜそういうことになるのか、これは本気で考えなければならないと思いました。県内の多くの普通科高校は、夏休みに三年生が文化祭の準備に没頭するので、そのために夏休み明けに成績が下がってしまうと懸念されるのですが、六月末に文化祭が終了する本校ではその心配はありません。それなのに、なぜ成績が下がってしまうのか。なぜそのことを、私たちは仕方のないことだと受け入れてきたのでしょうか。

現三年生は、最新の対外模試でも過去に例がないほど、いい結果を出して健闘しています。それなのに、今年の三年生もそれが毎年のお決まりの約束であるかのように、受け入れなければならないのでしょうか。実際には、本校だけがそんなに下がるわけではありません。やはり宮崎県全体の傾向なのです。でも、先生方は皆さんに愛着がある分、本校は特にそうだと感じてしまうのだと思います。しかし、うちだけではないからいい、ということにはなりませんね。

その理由を解くひとつの鍵が、先ほどのノートの取り方にあるのかもしれないと、私は考えています。これは、私の仮説です。

皆さんの多くは、朝課外も休むことなく真面目に出席し、授業も皆勤で、ノートもきちんと取っているでしょう。課された宿題も、部活で疲れた眠い目をこすって、きちんとこなしていると思います。これは、素晴らしいことだと思います。でも、この素晴らしさは必ずしも学力の向上を約束しないと言われたら、皆さんはどう思いますか。

立ち止まって考えてみると、皆さんのそれは作業でしょうか、勉強でしょうか。ここにひとつの落とし穴があると思います。いくら努力しても、時間を費やしても、それが作業である限りにおいて、学力はつかないと思うのです。皆さんの努力を作業から勉強に、作業から思考に転換しなければなりません。

これは口で言うほどやさしいことではありません。特に、宮崎県の学習指導は、ながらく物量に頼った作業をさせることに安住してきたきらいがあります。ですからこれは、ひとつの戦いであり、学習における革命であると私は思っています。でも、そこに踏み込まない限りいつまでも本当の学力は獲得できない、と私は考えています。

皆さんが学習の中味について工夫改善を重ねなければならないように、私たち先生も学校全体のシステムについて、工夫改善の努力をしなければならないと考えています。ひとつの方策として、まずは三学期の一月・二月の朝課外を中止しようと考えています。皆さんに自分で考えて勉強する時間を与えたいからです。

また、今年は八月二十一日に二学期の始業式を実施していますが、これも九月一日に戻せないかと先生方で話し合っています。それは、これまでの方策が間違っていたというのではなくて、本校が新しい段階に入ったということだと理解してください。

皆さんも、これまでの自らの「学びの形」について、是非振り返ってほしいと思います。二学期をそういう学期にできたらと考えています。

個性的に生きるために

二学期
終業式式辞
平成25年
12月27日

今日で二学期も終わります。二学期は皆さんにとってどんな学期だったでしょうか。ただいま、たくさんの表彰をしましたが、表彰はされなくてもそれぞれ自分の中でこれはがんばったと胸を張れることがありますか。

私自身の印象で言いますと、一年生はだんだん本校生の顔になってきました。本校に入学したから本校生になるというのではないですね。本校で過ごす月日が皆さんの顔を本校生らしくしていくようです。二年生は、一緒に修学旅行に行きましたが、分別があって、メリハリのある行動が見事でしたね。感心しました。三年生は今が一番苦しいときですね。大学入試というのは、学力を問われていると思いがちですが、実はそれに臨む皆さんの人間力を問われているのだと思います。どうぞ、堂々と戦いに臨んでほしいと思います。

さて、今年一年、テレビでよく見かけた顔と言えば、皆さんは誰を思い浮かべるでしょうか。

私は、マツコデラックスという人が非常に印象的でした。そもそもがあの人は男なんだと思いますが、よく考えると変な名前ですね。デラックスとか、名前に普通付けませんね。あの巨体がデラックスなんでしょうか。

なぜ、テレビがあの異形のタレントを重宝して持て囃《はや》すかというと、見た目もそうですが、なにより発言がユニークだからだと思います。彼女の、いや彼の発言の根底には、人に好かれたいという気持ちが見えません。どうせ私は嫌われ者よ、というような開き直りがありますね。だから、誰に対しても歯に衣着せず遠慮なく発言できるのですね。それが、テレビという建前がまかり通るメディアでは新鮮なのでしょう。でも、マツコデラックスに限らず、つらつら考えると、いまテレビで元気なのは、ゲイであることをカミングアウトした人たちですね。

ダンサーのカバちゃんは、『世界に一つだけの花』を振り付けした人ですが、最近はお化粧して整形までしているようで、テレビで見る度に顔が変わっていくような気がします。でも、彼の表情はどんどん自由になっていってるような気がします。

宮崎県出身で『もののけ姫』で一世を風靡した米良美一さんもいろんなことをカミングアウトして、最近は『生きながらにして生まれ変わる』という演題で講演したりしていますね。髪に花を飾ったりカラフルな洋服を着たりして、随分生き生きと自由になりました。

それから、イッコーさんとか、ミッツマングローブさんとか、紅白で『ヨイトマケの唄』を歌って大きな反響を巻き起こした美輪明宏さんとか、ゲイと言われる人たちは本当に元気です。

最近は以前ほどテレビでは見かけませんが、皆さんはおすぎとピーコという双子のおじさんを知っていますか。もう六十歳を過ぎていると思いますが、双子のゲイですね。最近私は、そのピーコが自分について語った『ピーコ伝』という本を読み返しました。その本で、ピーコさんは自分たちのことを二重に差別されてきたと言います。自分たちは不細工な上に「おかま」である、そういう意味で二重に差別されてきた、ということらしいですけどね。

その本の中に、ピーコさんが目の腫瘍になって、左目の摘出手術をするかどうか医者に決断を迫られる場面が出てきます。医者の話を聞いたピーコさんは、「目は二つあります。先生、左目は取っても右目は見えるんでしょう? だったら、取ってください」と即座に決断します。するとお医者さんは、「ピーコさん、男らしいですねえ」と感心したというのです。で、治療が終わってテレビに復帰するときに、義眼を入れて素顔のままテレビに出ようとするピーコさんに、テレビ局はメガネをかけてくれといったそうです。ピーコさんは、私は「ゲイであることを隠す気持ちがないように、障害者であることを隠す気持ちもないからこのまま出たい」と言いますが、お茶の間がたじろぐからと言われ、結局その申し出を受け入れます。

左目を取ったピーコさんは、あらたにシャンソンの勉強を始めます。一九九五年一月十七日、阪神淡路大震災が起こった夜に、ちょうど東京でピーコさんはコンサートをすることになっていました。親しい人が関西に多くいて、その人たちと連絡が取れずに不安な気持ちのままコンサートの開演を迎えたピーコさんは、最初の一曲目の声が出ません。何回やり直しても声が出ないので、ぽろぽろ涙を流してお客さんに謝ったそうです。すると、暗い客席から、「ざまーみやがれ」と声が聞こえたそうです。そう言ったのは、先ほど話した美輪明宏さんでした。

コンサートが終わった後、美輪明宏さんは、

「おまえは歌というのを、もっと楽に歌えるものと思っていただろうから『ざまーみやがれ』と言ったんだよ。歌なんてそんな甘いものじゃない。でも、気にしなくていい。お前はいろんな体験をして、もうシャンソンを歌える人になったんだから」

と言ってくれたそうです。幼い頃に長崎で被爆し、ゲイということで差別され、『ヨイトマケの唄』は放送禁止用語が入っているからとテレビ局に拒否されて、差別と戦い続けてきた美輪明宏さんだからこそ言える言葉だと思います。

そのピーコさんが、『聞く力』がベストセラーになっている阿川佐和子さんと対談している『ピーコとサワコ』という本で、「縦糸の友達」ということを言っています。

ピーコさんという人は、若い頃から多くの先輩に人としての生き方を教わります。その一人に永六輔さんという人がいます。『上を向いて歩こう』とか『見上げてごらん夜の星を』『遠く

へ行きたい』とか作詞した人です。日本のテレビ放送が始まった頃から深く関わってきた芸能界の重鎮であり、ベストセラー作家ですね。最近は高齢になってパーキンソン病を患っておられるのですが、それでも意気軒昂で先日のテレビでは、「私がパーキンソン病でもこうやって活動を続けていることが、同病の方々の支えになっていて、その意味で私はパーキンソン病のキーパーソンだと言われています」なんて言っていました。なかなか洒落たおじさんですね。

その永六輔さんに若い頃のピーコさんは、すごく怒られたのだそうです。ところが、最近あまり怒られないので、ピーコさんが「この頃、全然怒ってくれなくなりましたね」と言ったら、永六輔さんが、「うん、もうおすぎとピーコは僕の中では縦糸の友達だから。織物というのは縦糸が決まらないと成り立たない。一過性の友達は横糸だけど、僕はこの人は縦糸の友達って決めたら、その人のいいところも悪いところもひっくるめて友達だと思うから、どんなイヤなことを言おうと、どんなバカなことをしようと、もういいんだ。だから怒らないんだよ」って、言われたそうです。

「縦糸の友達」、いい言葉ですね。そしてやっと、私の話も本題に近づいてきました。

皆さんはどうですか。この人は自分にとって縦糸の友達だ、といえる人がどれくらいいるでしょうか。最近の若い人は、親友にさえ自分の本音が言えない、という話を聞きました。お昼ご飯を一人で食べるのがいやだから、友達とけんかもできないという話も聞いたことがあります。そういう関係では、縦糸の友達はいつまでたってもできません。

私たちが生きていくということは、別の言い方をすれば、「縦糸の友達を探す旅」、だと言えます。縦糸の友達は、お金や地位では作れません。自分が相手に心を開いて、相手のことを思い遣って、相手を理解して、許して、初めてできるのだと思います。

最近は、スマホのラインなんかで繋がっている関係もあるのだそうですね。入りたいわけではないけど、入ってないと仲間はずれにされそうだからラインに入る、という話も聞きました。メールが来たら五分以内に返さないといけないから、勉強中もスマホを気にしている人がいるらしいですね。くだらない、とは言いませんが、それで本当にいいのかなと思います。

最近は役者としても活躍する作家のリリー・フランキーは、「群れに存在する美は憐れでさえある。どんな動物も群れている様子は醜い」と言いました。

また、私はこんな短歌に出会いました。

携帯に寄り添い歩く皆々様　そいつは全部空耳ですぜ（本下いずみ）

まさしくケイタイの世界は空耳だと思います。

マツコデラックスさん、美輪明宏さん、ピーコさん。今日お話しした人たちは、ゲイであることを堂々とカミングアウトして、でも個人として強く生きつづけることで自分の生き方を見つけた人たちです。これを、一般に個性的と言いますね。彼らは孤独だったと思います。その孤独の中で否応なく自分を見つめたのだと思います。そして、あの揺るぎない個性ができ上がったのです。個性的であることは素晴らしいことですが、個性は簡単にはできません。

私が今日皆さんにお願いしたいのはこのことです。どうか、本当の自分と向き合ってください。見せかけの友情なんかいりません。お昼ご飯を一人で食べることを恐れてはいけません。本当の自分を理解してくれる人は、一人いればいいのです。その人は、今皆さんの隣にいる人かもしれません。これから出会う人かもしれません。大人になって出会う生涯の伴侶かもしれません。でも、友情でも恋愛でも、どんな素晴らしい人に出会っても、皆さんの中にそれを受け入れるだけの器がないと『縦糸の関係』にはなれません。どうか、その器を自分の中に作り上げてほしいと思います。

寒い中で長い話になりました。これで終わります。次に皆さんにお会いするのは始業式ですね。どうか、よいお年を迎えてください。

学ぶ意味について

三学期
始業式式辞
平成26年
1月16日

新年あけましておめでとうございます。今年の正月は、穏やかな天気に恵まれました。皆さんはどんなお正月を過ごしたのでしょうか。

三年生は、いよいよセンター試験が迫ってきました。廊下ですれ違う三年生の顔が、日に日に凛々《りり》しくなっていくのを感じます。不思議なことですが、人生の大事にきちんとした姿勢で挑もうとする人の顔は、段々凛々しくなるものです。

先日の終業式で、大学入試というのは実は学力ではなくて、人間力が問われているのだ、ということを話しました。今日はまず、そのことについて、受験の時期になると思い出す二人の生徒の話をしたいと思います。

学校の先生をしていると、多くの生徒に出会います。言うまでもありませんが、あきらかに自分よりも立派だったり、素晴らしい人格だなと感じる生徒に出会うこともよくあります。二人はそういう生徒でした。

ひとりは、ある国立大学の推薦入試を受けた女生徒です。一次試験も無事通過し、二次試験は面接でした。その大学は一次を通過すると、ほぼ八割程度が例年合格していました。おまけにその生徒は、自分の言葉できちんと話ができる生徒で、どう考えても不合格になる要素は見当たりません。ところが発表の日、ネットでいくら探してもその生徒の番号がないのです。休み時間に職員室まで結果を聞きに来た彼女を廊下に連れ出して、私はその事実を告げました。すると、一瞬表情を曇らせたように見えた彼女は、すぐに顔を上げて私にこう言いました。

「先生、私は落ちてよかったです。もし合格していたら、私は大学入試というものをなめてかかったと思います」

予想外の結果を聞いて、即座にそんなことが言えるその生徒を、私はすごい人物だと思いました。それから、彼女の新たな大学入試が始まりました。センター試験を受けて、個別試験でもう一度同じ大学に挑戦して、そして今度は合格通知を手にしました。

そのとき、その生徒の手にはもう一通の合格通知がありました。早稲田大学文学部のものでした。「先生、どう思いますか?」と聞くので、私は率直に、「お前の特性を考えたら、早稲田の方が向いているような気がするな」と言いました。すると彼女は、「私もそう思います。じゃ、○○大学の方は辞退しますね」と答えました。私は思わず、「リベンジだな。おまえ、かっこいいなあ」と言いました。もちろん、リベンジしようなんて思って勉強してきたわけではないのですが、結果的にそうなったのですね。

あのときに、「落ちてよかったです」と謙虚に受け止めたからこそ、この結果は出たのだと思います。勉強はあくまでも手段です。きちんと勉強に向かい合えば、人間も成長し、結果もついてくるのだと思います。

もうひとりの生徒は、なかなか自分の進路を見つけられなかった例です。皆さんの中にも、家族や先生に将来何になるつもりかと迫られて、困っている人がいると思います。彼女は、高校三年の夏に、ご両親と本人と私との四者面談で、お母さんにそのように迫られて泣き出してしまいます。もともと真面目で、英語が好きで勉強してきたけれど、さあ、それで何になりたいのかと聞かれても、答えられないのです。

彼女のご両親は賢明な方で、泣き出した彼女を残して、「先生、ちょっと失礼します」と部屋を出られると、廊下で二人で話し合いをされて部屋に戻ってこられました。それからの話し合いで、ご両親が彼女に将来の職業について問い詰めることはありませんでした。本人に納得のいく道が見つかるまで待とう、そう話し合われたのだと思います。

結局、彼女は外国語系の大学に行きましたが、それでも彼女の進路についての悩みが解決したわけではありません。私は、「何をとか、何のためにとか考える必要はない。好きなことを懸命に勉強してみろ。そしたら、モーゼの十戒のように、海は開けるんだ」と、特に根拠があったわけではありませんが、そう言いました。でも、真面目な彼女は、そのまま大学を続けることができなくて、休学します。休学してイギリスに渡り、そこで英語の専門学校のようなところに短期入学します。すると、そこですぐに答えを見つけることになるのです。

その話を彼女は帰国して私の家に報告に来たときに、泣きながら話してくれました。今度は感動の涙です。イギリスの専門学校では、向こうの人たちがそれはそれは親切にしてくれる。その彼らが、彼女に日本の文化や風俗などについて質問するのだそうです。ところが、彼女は何も答えられない。自分に親切にしてくれた人たちに教えてあげようと思っても、自分が日本を何も知らないことに気づいたのだそうです。そのとき、彼女は自分が勉強すべきことがわかったのだそうです。外国人に日本のことを教えられる人間になりたいと思ったわけですね。

そこから、彼女の勉強は始まります。そして、大学を卒業するときに、教授からドイツの大学で日本語を教える講師の口を紹介されることになります。

「先生、どうしたらいいと思いますか」という彼女に、私は、「行くしかないだろう。そのために勉強したんじゃないのか」と答えました。そして、ちょっと自慢気味に「な、だから言ったじゃないか。モーゼの十戒のように海は開けるって」と私が言うと、「悔しいけど、先生が言ったとおりになりました」と、彼女は言いました。悔しいけどっていうのが、よくわかりませんけどね。

この話には、少し後日談があります。ドイツに行った彼女は、初めて向こうの大学の門をくぐったときに、いま私の目の前を、こうやってあいさつもせずに通り過ぎて行く見ず知らずのドイツの大学生たちが、私が帰るときにはどれくらいあいさつしてくれるような関係になれるだろう、と考えたのだそうです。そして、数年経って帰国するときが来ます。何人かの学生がお別れの食事会をしようと誘ってくれたので、その会場まで行くと、どんどん奥の部屋へと案内されて、最後のドアを開けると、ものすごい数の学生がお別れのために集まってくれていたのだそうです。彼女を驚かそうとして、サプライズを仕掛けたのです。いい話ですね。

もちろん、そんなに全てがうまくいくとは限りませんが、好きな勉強をしていれば、道は開けると信じましょうよ。この勉強に何の意味があるかとか、何のためにとか、考え過ぎるのはやめましょう。学問はそれ自体に意味がありますし、そのことによって大学生活というのは十分に価値あるものなのです。受験勉強をしていると苦しくなるので、友達を妬んでみたり、家族に八つ当たりしたくなることもあるでしょうが、勉強は人間を作る手段です。きちんと勉強に向き合えば、必ず人間は成長できるし、道は開けます。私が、受験は人間力の勝負だと言ったのは、そういう意味です。

さて、ここからは、一年生と二年生の皆さんにお話しします。一月と二月の早朝課外を中止することについては、既に担任の先生たちから、その意味や過ごし方についてのお話があったことと思います。私は、中止するのが一月と二月であることに大きな意味があると思っています。四月からこれまで、私たちは様々な指導をしてきました。その一年間の集大成として、私たちは皆さんの手を離したいのです。皆さんの自立を促したいのです。

学問についてはひとつの真理があります。学問というのは、学ぼうと思った人しか学べないということです。いくら私たちが皆さんの手を引いても、皆さんが自ら学ぼうと思わなければ、本当の意味で学ぶことはできません。この二カ月をその期間にしてほしいと考えています。

皆さんの中には、先生に早く手を離してほしいと思っている人と、早朝課外がないことに不安を感じている人のふた通りがあると思います。不安を感じている人にお願いがあります。その不安を埋めるために、すぐに学習塾に通うということはやめてください。学習塾が悪いというのではありません。その意義もよくわかっているつもりです。誰かに指導してもらわないと不安だからという理由で、安易に飛びつかないでほしいのです。どうか、自ら学ぶということの意味を考えてほしいと思います。

これは、私たち先生にとってもひとつの挑戦だと考えています。そのために教科会などで多くの話し合いを重ねましたし、授業の在り方や課題の出し方について研修もしました。私は先生方に、早朝課外をしないからといって、そのまま課題を増やすようなことはやめてくださいと、お願いしました。

「やっぱり課外を実施しないと、生徒は勉強しないですね」なんて結末は迎えたくないと思っています。皆さんの自主的な取り組みが素晴らしくて、こんなことなら夏休みの課外や一学期・二学期の早朝課外も考え直しましょうか、という声が保護者や先生から出ることを期待しています。皆さんが、そういう取り組みができる三学期になればいいと考えています。

真のグローバリズムとは

卒業式式辞
平成26年
3月1日

ただいま、卒業証書を授与されました二百四十一名の皆さん、卒業おめでとう。心からお祝い申し上げます。

二〇一一年四月、まだ東日本大震災の衝撃がさめやらぬ中、皆さんは本校の門をくぐりました。普通科は通学区制が廃止されて、地域の本校への期待がますます高まる中で、またメディカル・サイエンス科は、地域医療や先端技術産業の担い手となって地元に貢献する人材を育成する目的で、それまでの理数科が新たに再編され、その第一期生として入学してきました。

本校での三年間を終えて今、皆さんの胸に去来するものはなんでしょうか。私は、昨年四月以来、本校のリーダーとしてのあなた方の姿をつぶさに見てきました。一月のセンター試験が近づくと、皆さんの顔が日に日に凛々しく引き締まっていくのを感じました。間違った努力は人の顔を下品に変えますが、正しい努力はいい顔にします。私は大学受験とは、現代日本におけるひとつの通過儀礼だと考えていますが、皆さんはその関門を自分自身の試練として、正面から堂々と受け止めていました。後輩の模範となるべき、天晴《あっぱれ》れな戦いぶりだったと感じました。

さて、皆さんがこれから出て行く社会では、世界中をグローバリズムという名の妖怪が跋扈《ばっこ》しています。最近の報道では、アメリカとの交渉の難航が伝えられているＴＰＰも、日本の景気も、関係悪化が懸念されているお隣の韓国や中国などとの国際情勢も、グローバリズムというキーワードを抜きにして語ることはできません。その中を皆さんは、どう生きてゆけばいいのでしょうか。国際社会で通用する人間とは、どのような人を言うのでしょうか。大げさな身振りと巻き舌で、流暢に英語を操る人物でしょうか。

作家の司馬遼太郎が、『明治という国家』という著作の中で、アメリカ中が讃辞を送った印象深い日本人の話を書いています。それは、初めてニューヨークのブロードウェイを行進したサムライたちです。彼らは、日米修好通商条約の批准のために、アメリカの軍艦ポーハタンに乗船して、渡米した江戸幕府の使節団でした。当時の日本とアメリカ文明の格差は大変なものでした。そんな中で、一般のアメリカ人が初めてみる日本人が、その使節団でした。チョンマゲを結い、刀を差して、草履で歩く小柄な数十人の行列が、彼らの目にどう映ったか。野蛮な国から来た未開人と映ったのでしょうか。

ところが、どうもそうではないらしいのです。一行がまず訪れたワシントンでは、彼らをみるために周辺の家々には誰もいなくなってしまうほどで、その後訪れたニューヨーク市では、使節団歓迎のために二万ドルという大金の支出が議決されたそうです。なぜ、そんなことが起こったのか。

司馬遼太郎はこう書きます。「たれもが、この日本使節に感心した。その挙措動作、品の良さと毅然とした態度にです。ニューヨークに出現したこの未知の民族について、異文化とはいえ、大変上質なものを感じたのです」と。つまり、日本の武士たちの高い精神性が、当時のアメリカ人を熱狂させ、畏敬の念を抱かせた、と言うのです。

日本のサムライたちは、アメリカとの国力の差に卑屈になることなく、顔を上げて、胸を張って、歓声の湧き上がるニューヨークのブロードウェイを、威風堂々と行進したに違いないのです。有名な詩人のウォルト・ホイットマンは、この行進を見て感動を込めて、「ブロードウェイの行列」という詩を書いたそうです。

この話は、真にグローバルな人材とは何か、ということを考える上で示唆的です。自らの文化に誇りを持ち、個人として強い人間であること。どんなときでも毅然としていること。

グローバリズムの基本は、ローカリズムだという言葉があります。卒業生の皆さん、まずは、宮崎県北の美しく豊かな自然の中で育ったことを胸に焼き付けてください。他人を出し抜くことを好まない穏やかな県民性と、その県民性が作りあげた温かいふるさとの言葉を忘れないでください。そして、本校で、友と学び、部活動に励み、学校行事に打ち込んだ三年間を誇りに思ってください。それがあなたたちの人間としての基盤です。ビルディングの聳《そび》え立つ東京の大都会であろうが、言葉の不自由な外国であろうが、恐れることはありません。あのブロードウェイのサムライのように、胸を張って堂々と生きてください。

卒業生の皆さん、ご両親をはじめ、これまで多くの人にお世話になりましたね。いつか恩返しを、と思っているでしょう。でも、気負うことはありません。人生はサッカーのようなものだと言った人がいます。向こうからパスが来る。それを受け取って誰かにパスを渡す。また、パスが来る。受け取ってパスをする。あるときはワンタッチで、あるときはしばらくキープして、またある時はドリブルしてから。パスをする相手は保護者であったり、後輩であったり、また世の中であったりします。パスの中味は必ずしも金銭とは限りません。気持ちとか、日々の仕事によってとか、多種多様です。

でも、これだけは忘れないでください。受け取ったパスは、いつかどのような形であれ、だれかに渡さなくてはならないのです。自分の中だけに溜め込んではいけません。それが、私たちが生きることの意味です。

では、皆さんのこれからの人生が、実り多いものであることを祈ります。

おしゃれな人になろう

三学期
終業式式辞
平成26年
3月20日

　早いもので、もう一年が終わります。いま、皆さんが体育館に集合してから自然に静かになったのを見ていて、それだけでも今年一年間の皆さんの成長ぶりを感じることができました。すでに新しい教室に移動しているので、気持ちはもう新二年生・新三年生になっていることかと思いますが、皆さんにとってこの一年はどんな一年だったでしょうか。

　私には、ひとつだけ悔いの残る忘れられない出来事がありました。まだ、そんなことを言っているのか、未練がましい、と言われそうですが、それは五月の野球定期戦の始球式で投げた球が、ワンバウンドになってしまったことです。皆さんからすれば、ああやっぱりね、じいちゃんだから仕方ないよね、ということなんでしょうけど、人には誰しもつまらないこだわりがあります。私は、年甲斐もなく肩の強さだけは自信があったのです。

　始球式の前日は、野球部の練習グラウンドに行って、わざわざ投球練習までしました。私の球を受けてくれた野球部員も、「先生、すごいッス。手が痛いくらいッス」みたいな感じで褒めてくれたんです。また、球を投げる前は、キャッチャーのサインに首を振るという小芝居まで入れて臨んだのです。ところが、始球式では皆さんが私の名前を連呼してくれる中でのワンバウンド。がっかりでしたね。まあ、人生ってそんなものですね。

さて、今日は皆さんが興味のある「おしゃれ」について、少しお話しします。

孟子という人を漢文で習いましたね。その孟子が、「無名の指」という話を書いています。皆さん、ちょっと自分の手を眺めてください。五本の指、もちろんどれも大切ですが、機能的に最も大事だと思えるのは、どの指ですか？　そう、きっと親指ですよね。反対に、これはなくてもいいかなと思えるのは、いえ、実際はどれも大切なのですが、でもあんまり役にたっていないかなと思えるのは、どの指でしょうか。なんとなく小指とか薬指っぽいですね。でも、小指は指切りをしなくてはなりませんからね。それからカラオケを唄うときに立てなくてはいけませんしね。で、あんまり必要ないのは薬指かな、ということになるんですけどね。漢文では、その薬指のことを「無名の指」というんです。名無しの指ということですね。

孟子がこう書いています。「無名の指、屈して伸びざる有り」と。薬指が曲がってしまって真っすぐにならなかったら、どうしますかと。それは特に痛いわけでもなく、不便なわけでもない。でも、もしこの指を伸ばしてくれるという人がいたら、どんなに遠くまででも治療しに行くでしょう。それは、指が人並みでないことを恥ずかしがるからです。なぜ恥ずかしがるかというと、それは人目を気にするからだと孟子は言うわけです。

皆さんはどうでしょう。人の目は気になりますか。現代はきっと、人類史上最も人が外見を気にする時代ですね。さて、そういう目で見たときに、いま皆さんが着ている制服はどう思いますか。気に入っていますか。本校の女子の制服はかなりセンスがいいですね。黒と灰色の取り合わせが、とても上品ですね。

私は先日の卒業式でモーニングと呼ばれる変な洋服を着ました。あんな格好で町を歩いたら変人と思われます。燕尾服《えんびふく》という呼び方でもわかるように、ツバメの尻尾のように後ろが長い服装です。卒業式は、三年間の努力に対して卒業証書を授与する厳粛な儀式ですから、卒業証書を授与する人には権威が必要なわけです。ですから、あんな大げさな仰々しい格好をするんですね。もちろん、入学式も同じです。また、私が変な格好で登場しますから、その意味を再確認してみてください。

権威ということで言うと、最も権威的な服装の職業はなんでしょうか。私は、裁判官を思い浮かべます。法服と呼ばれる裁判官の黒いガウンのような制服。なぜ、裁判官はあのような権威的な服を着なければならないか。たとえば、判決の場面を思い浮かべてください。短パンとTシャツを着た裁判官から、「死刑」と言われて納得できますか？　もちろん、どんな服装で言われてもなかなか納得はできないにしても、とりあえず人の人生を左右するような判断をする裁判官は、それ相当の服装をしなければならないんだと思います。同じように、人の自由を厳しく制限しなければならない刑務所に勤務する刑務官の制服は、みな一様に地味な服です。アロハシャツを着た刑務官というのは、ちょっと想像できません。

鷲田清一という柔らかな発想をする哲学者がいます。皆さんは、入試の問題文によく使われる人として、この人の文章を読んだことがあると思います。この人のモード論を読むと、私たちのファッションにはメッセージがあることを考えるようになります。

その鷲田清一が、制服の本質は修行服だと言っています。宗教でいう修行です。だから、仏教でもキリスト教でも修行中のお坊さんの服装は全て地味です。修行中は修行することに専念しなければならないからです。そのかわり、修行を終えた高い位のお坊さんの服装は、どの宗教でもかなり派手になります。つまり、学生時代というのは、あまりおしゃれなんて考えず、修行に専念しなければならない時期のことなのです。私は先ほど、本校の制服はおしゃれだと言いましたが、修行中の皆さんにとって「おしゃれな制服」というのは、矛盾した言い方になるわけです。

さて、では「おしゃれ」とは何でしょうか。

私がこれまでに経験した、最も印象深いおしゃれな女性の話をします。あるコンサート会場での光景です。そのコンサートは、ちょっと大人のシャンソン風の歌手の、落ち着いた雰囲気のコンサートでした。オープニングの数曲が終わって、遅れてきた客がバラバラと入ってきました。ちょうどMCの最中で、会場は静まりかえっています。その女性が会場の階段を駆け下りると、彼女のハイヒールの靴音がカンカンカンと会場に響きました。すると、次の瞬間、彼女はサッと躊躇なく靴を脱いだと思ったら両手に持って、会場の階段を裸足で駆け下りて自分の席までいきました。なんて、格好いい女性かと思いました。こういう女性をおしゃれな人と言うのではないでしょうか。

また、最近、こんな光景を見ました。私は歩いて来ることが多いのですが、学校の近くの道で本校の女生徒が、横断歩道を横断しようと車の途切れるのを待っていました。しばらくすると、車が止まってくれました。どうするかな、と思って見ていたら、彼女は車に軽く会釈をして渡っていきました。こういう仕草が自然にできる人をおしゃれな人というのではないでしょうか。

つまり、おしゃれというのは外見のことではなくて、まずは内面のことなのだと思います。修行中の皆さんは、修行服に身を包んでいますから、見た目のおしゃれはあまりできません。でも、内面はいくらおしゃれしてもいいのです。

最初の孟子の話に戻ります。無名の指が曲がっているのを遠くまで治療に行く人の話をしました。孟子は、こう言います。特に痛くもなく不都合でもない無名の指が曲がっていても、人は遠くまで治療に行くのに、心が曲がっている時にどうして人はその熱心さで治療しようとしないのか。順序が逆ではないですかと。

私たちは何のために高校で学んでいるのでしょうか。もちろん、短期的には目標の大学に合格するため、ということになるのでしょうが、長い人生を考えたら、それはおしゃれな人間になるため、ということもできると思います。いくら流行りの高価な服を着ていても、内面が貧しかったらおしゃれな人とは言えません。むしろ、見た目が華やかな分だけ内面の貧相さが際だって、惨めなことになります。

どうか皆さん、おしゃれな人になってください。今は修行中の身ですから、外見はほどほどにして、内面を磨くということを考えてほしいと思います。

では、つかの間ではありますが、春休みになります。また、四月にそれぞれ一学年ずつ進級した皆さんと、フレッシュな思いで会えることを楽しみにしています。

学ぶ喜び

～平成二十六年度式辞～

学びの姿勢

入学式式辞
平成26年
4月10日

ただいま名前を呼ばれました普通科百六十五名、メディカル・サイエンス科八十四名　計二百四十九名の皆さんの入学を、在校生・教職員一同心から歓迎いたします。

さて、皆さんは本校に入学したからといって、すぐに本校生となれるわけではありません。学習方法にしても生活態度にしても、これから多くのことをそうして、三年間の時間をかけて少しずつ本校生となってゆくのです。

先生や先輩から学ばなくてはなりません。

現代フランス哲学者の内田樹という人が、学ぶということについて、こう書いています。

「知りません。教えてください。お願いします。学びという営みを構成しているのは、ギリギリまで削ぎ落として言えば、この三つのセンテンスに集約できます。自分の無知の自覚、先生を探り当てる力、礼儀正しさ。この三つが整っていれば、人は成長できる。一つでも欠けていれば成長できません」

「知りません。教えてください。お願いします」、この簡潔な三つのセンテンスが意味するものをよく味わってください。

高校の勉強が中学校までの勉強と違うのは、学ぼうと思った者しか学力を獲得できないということです。勉強は作業ではありません。ただの丸暗記は通用しません。誰かに強制されて嫌々勉強しても、本当の学力は付きません。

「なぜ、どうして」という根源的な学びへの渇望からしか真の学力は獲得できません。まずは、自分が学ぶべきことを自覚してください。次に、自分の先生を捜してください。学校の先生はもちろんとして、ときにはクラスメートであったり、先輩であったり、また学校の外の人であったりするでしょう。最後に、謙虚に「お願いします」と頭を下げてください。勉学に限らず、本当に学ぼうと思ったときに、人は謙虚になります。謙虚になったとき、人は自然と礼儀正しくなるのです。

「知りません。教えてください。お願いします」。言うまでもなく、学ぶということは高校時代に限らず一生必要ですから、本日、本校に入学するに当たって、この言葉をどうぞ胸に深く刻んでください。

現在、本校では、生徒の自学力を高めるための取り組みを行っています。それは、大きく二つの理由によります。一つ目は、ここ数年本校生の学力が高くなり、目指す目標も高くなったために、これまでとは質の違う指導方法を見直す必要性に迫られたこと。二つ目は、グローバル化の進む中で、求められる学力の質が変化し、自分で問題を発見し解決する思考力が求められるようになったことです。

大学入試センター試験をはじめとして、大学の個別試験や、また社会に出てから求められるものがこれまでとは違ってきています。そのような中で、新入生の皆さんも、自ら学ぶ姿勢を身につけてほしいと思います。

学ぶ喜び

一学期
始業式式辞
平成26年
4月8日

いよいよ新学期が始まります。先ほど、旧クラス最後のホームルームで、新年度のクラスと担任が発表されたのですね。皆さんの歓声やどよめきが、校長室まで聞こえてきました。これまで慣れ親しんだ級友や先生への思いはあるでしょうが、人は出会うためには一度別れなければなりません。どうか新しい出会いのために、気持ちを新たにしてほしいと思います。

さて、年度の始まりに当たって、今日は「勉強の面白さ」ということについてお話しします。そのために、ここにたくさんの本を持って登壇しました。皆さんは数年前に話題になった、『舟を編む』という小説を読んだことがありますか。映画化されて、たくさんの賞も獲りましたね。観た人はいますか？

あれは、国語辞典作りに生涯を懸けた人たちの物語でした。主人公の馬締《まじめ》という男に、老言語学者が聞きます。「きみは『右』を説明しろと言われたら、どうする」。皆さんなら、なんと説明するでしょう。「箸を持つ方の手」とかいうのが、一般的でしょうか。

馬締君は、「『ペンや箸を使う手のほう』と言うと、左利きの人を無視することになりますし、『心臓のないほう』と言っても、心臓が右がわにあるひともいるそうですからね。『体を北に向けたとき、東にあたるほう』とでも説明するのが、無難ではないでしょうか」と即答して、老学者に見込まれます。

試しに、私がここに持ってきた辞典を引いてみます。これは、小学館が出している『現代国語例解辞典』というものです。「正面を南に向けたときの西に当たる側。人体で通常、心臓のある方と反対の側」。なるほど、先ほどの馬締君に近いですね。では、この辞典はどうでしょう。三省堂の『新明解国語辞典』という辞典です。「アナログ式時計の文字盤に向かったときに、一時から五時までの表示のある側。明という漢字の月が書かれている側と一致」。なんだか、かなりわかりやすいですね。というか、ちょっと味わいが違いますね。実は、この新明解国語辞典は、知る人ぞ知る辞典なのです。

次に、「ごきぶり」の説明を見てみましょうか。私が今手に持っているのは、国語辞典の中では最も信頼されている岩波書店の『広辞苑』という辞典です。すごく大きくて分厚い辞典でしょう?

【ごきぶり】……網翅目ゴキブリ科の昆虫の総称。体は甚だしく扁平で幅が広く楕円形。

多くは褐色や黒褐色で、油に浸かったような光沢がある。元来は熱帯産で種類が多い。家住性のものは人間や荷物などの移動に伴って広く伝播し、台所などで食品を害するほか、伝染病を媒介する。

うーん。さすが広辞苑ですね。大変詳しく書いてあります。では、新明解国語辞典はどうでしょうか。「台所を始め、住宅のあらゆる部分にすむ。油色の平たい害虫。さわると臭い」、触ったんですね。「さわると臭い」なんて書いた国語辞典は初めてです。この人たちは、ゴキブリの臭いを無視できなかったんですね。

「このゴキブリなんだけどね。どうしても引っかかることがあって、今日持って来たっちゃが。触ってん。すげえ臭いっちゃが」と誰かが言って、他の誰かが、「え、あなたホントに触ったんですか。気持ち悪いなあ。でも、辞書作りのためですからね。どれどれ、あ、ほんとだ」なんて、やりとりが会議であったんでしょうか。チャレンジャーですよね。

そう思って、改めて冒頭の序文を見ると、こう書いてあります。「この辞書は、関係者一同の試行錯誤の結果、成ったものである」。そう書いたのは、山田忠雄という有名な学者です。試行錯誤したんですね。それから、ゴキブリの説明のあとには、【かぞえ方】一匹、と書いてあります。とりあえず、数えられるものは全て数えてしまおうというのも、この辞典のこだわりです。もう少し、新明解のチャレンジを見てみます。

【鴨《かも》】……ニワトリくらいの大きさの水鳥。首が長くて足は短い。冬北から来て、春に帰る。種類が多く、肉はうまい。

「肉はうまい」って、変ですよね。うまいかまずいかは主観的なものです。辞典がここまで踏み込んでいいんでしょうか。でも、この辞典は、「うまい」と言い切るのです。みんなで食べたんでしょうか。「どう？　この鴨肉についてうまいと思わない人がいますか」なんて。それでみんなが鍋でも囲みながら、「いや、これはうまいでしょう。主観客観を超えて、うまいというのは厳然たる事実じゃないでしょうか」と、賛同したのでしょうか。

【おこぜ】……背びれに毒のとげが有る深海魚。ぶかっこうな頭をしているがうまい。

ここにも、「うまい」が登場します。これは、魚だけではありません。

【桃】……畑地・庭に植える、中国原産の落葉小高木。実は大形で美味。品種が多い。

と書いてあるので、国民的な果物のりんごやミカンにも「美味」と書いてあるのかなと思って調べましたが、ないんです。そこで、白桃という桃を引いてみます。

【白桃】……実の肉が白い桃。果汁が多く、おいしい。

「うまい」でも「美味」でもなく、「おいしい！」。ほとんど手放しの絶賛ぶりです。よっぽど桃が好きなんでしょうか。これが国語辞典だなんて、皆さん、どう思いますか？

実は、いま私がお話ししたことは、国語の先生なら大抵知っているよう有名な話です。三省堂の新明解国語辞典の面白さに初めて気づいて発表したのは、赤瀬川原平という人で、『新解さんの謎』という本に書いてありますから、興味を持った人は一度読んでみてください。

ところで、国語辞典を作るという仕事は、学問的に言うと言語学とか国語学という部類に入るんだと思いますが、皆さんは私の今の話をどういう気持ちで聞いていたのでしょうか。なんか、面白いなあと思いましたか？　私は今、勉強の話をしたのです。自分で疑問を持って辞書を引いて、次々に解明していく喜びについて語ったつもりです。

皆さんの日頃の勉強もこれと同じはずなのに、いつから私たちは、勉強は苦痛で面白くないもの、と思い込むようになったのでしょうか。小さな頃から、周りに強制されて勉強をしているうちに、勉強は苦痛なものだと思わなければならない思考回路ができてしまったのでしょうか。難しい問題が解けた喜び。複雑な数字を計算していったら、次々にほぐれていって、最後に0（ゼロ）になる美しさ。そういうものに感動してはいけないと、決めつけてしまってはいないでしょうか。

部活動で毎日厳しい練習をして、記録を一秒短縮することの喜びを知っている皆さんが、勉強の厳しさとその成果に喜びを見いだせないのはなぜでしょうか。毎日シュート練習を続けて、一点を取ることの喜びを知っている皆さんが、どうして勉強そのものに喜びを見いだせないのでしょうか。学ぶというのは、美しさの発見であり、面白いことだ、ということを年度の始めに、今一度皆さんと確認したいと思います。

さて昨年度は、厳寒期の朝課外の中止をはじめとして、皆さんが自ら学ぶための仕掛けを幾つか実施しました。厳寒期の朝課外の中止については、保護者のアンケートも、先生方の意見も聞きました。生徒の皆さんは、一部の例外を除いて、おおむね有効的な時間の使い方ができていたように感じました。また、一月・二月の朝課外を中止することによって、対外模試の成績が落ち込むということもありませんでしたから、本年度も引き続き実施する予定です。来年の一月・二月に向けて、皆さんがさらに自学できるように先生たちもいろいろ研究し、授業の工夫も仕掛けていくつもりです。

今年も本校は、「させられる勉強から自ら進んでする勉強」に向けて、学校をあげて様々な仕掛けを推進していくつもりです。させられて無理矢理するのは、「奴隷の勉強」。そうではなくて、自分が主体的に自分の意志で学ぶ、いわば自分が「主人の勉強」へ。勉強はときに苦しいけれど、学ぶことは喜びである。そういう喜びが、学校に満ち溢れる一年間であることを願っています。

16歳の夏に

一学期
終業式式辞
平成26年
7月31日

皆さん、こんにちは。今日で一学期も終わりますね。皆さんにとっては、どんな四カ月間だったでしょうか。

定期戦の応援は盛り上がりましたね。萌樹祭も、素晴らしかったですね。みんなが感じたように、昨年よりまた一段と進化した萌樹祭となりました。今年の本校のポスターに書いてある『伝統は進化する。』というコピーは、意外にも数学科の佐藤隆裕先生が考えられたものですが、まさにそれを地で行く文化祭となりました。先日の生徒会の立ち会い演説会で、立候補したみんなが「学校愛」を語ってくれました。それを聞きながら、私は校長としてもっともっといい学校にしていかなければならない、という責任を感じました。

実は、私は昨年の冬に発行された本校ＰＴＡ新聞のインタビューに答えて、自分が卒業した高校をあまり好きではなかった、と言いました。あとで考えて、もしその当時、私に関係された先生がお読みになったら、悲しい思いをされただろうなと反省しました。今日はそのことについて、もう少しお話ししたいと思います。

のんびりした田舎の中学校から高校に進学した私は、高校の先生たちがさも当然のように、「勉強しろ。勉強しろ」と言われる理由がわかりませんでした。反発も感じました。担任の先生が数学で、当然担任にも反発するようになりました。数学がみるみる下がっていきました。それでも、その先生が苦手だから勉強する気にもならないのです。

夏休みに入りました。当時も夏休みの課外というのはありましたが、希望制だったのです。希望制ですが、全員が当然のように受講していました。私もやる気の出ないままに受講しました。もちろん、一学期に遅れた分を少しでも取り戻せるなら、という気持ちもありました。ところが、課外の初日にその先生はいきなり大学入試問題演習をされました。まだ、一年生なのにです。当時の私は、そのことだけでもう許せない気がしたのです。

私は授業が終わると、すぐに担任の先生のところに行って、「明日から出席しません」と言いました。先生は、「クラスの他の人たちは、みんなちゃんとやってるじゃないか。なぜ、お前だけ人と同じ事ができないんだ」とおっしゃいました。私はその当時少し流行していた、加藤諦三という人の『俺には俺の生き方がある』という本に影響を受けていて、「他の人はどうでも、自分には自分の考えがあって、生き方があります」というようなことを言いました。随分、生意気な高校一年生だったと思います。

次の日から、私は学校に行くふりをして、市立図書館に行きました。図書館に行って数学を勉強したなら、私はもっとまともな人間になったのだと思いますが、図書館に行って本ばかり読んでいました。北杜夫、遠藤周作、太宰治……そういう作家の本を読みました。

一週間ぐらいして、親に学校から連絡が来ました。父親が理由を聞くので、自分の考えを述べましたら、「そうか」と言いました。それきり課外には行きませんでした。

二学期が始まりました。九月一日の始業式のクラスのロングホームルームで、担任の先生が、「君たちの中に他人の本を読んで、自分の考えのように勘違いして行動する人間がいる。そういう人間はきっと根っこが浮いてしまって、必ずダメになる」と言われました。もちろん、それは私のことです。私はくやしくてくやしくて、机の下で握り拳を強く握っていたことを、昨日のことのように覚えています。

それから、人が変わったように勉強をするようになった、というのはよくある話ですが、ところが、私はそれでもなかなかエンジンがかからないのです。数学をなんとか克服しようと思って、少しでも教科書を手に取るように、数学の教科書の裏表紙に、当時好きだった女の子の似顔絵を描いて貼り付けたのです。すると、今度は問題は解かないで、その子の似顔絵ばかり眺めているのです。結局、私は卒業するまで数学はできないままでした。先生を苦手になると、その教科まで苦手になるというのは本当ですね。

そんな私が逃避したのは、読書でした。高校二年生になると、太宰治を片端から読みあさるようになりました。『富岳百景』『晩年』『人間失格』『斜陽』……。中でも、私は太宰治の中期の少し明るい作品が好きでした。当時、学校で太宰治を語らせたら右に出る者はいなかったと思います（そんなこと、何の役にも立たないんですけどね）。早く文学部に行って、誰にも邪魔されずに太宰治を読みたいというのが、当時の私の夢でした。私は心の狭い人間だったので、学校に対しても意地を張っているようなところがあって、高校時代に勉強を面白いと感じたことはあまりありませんでした。

初めて勉強を心から面白いと感じたのは、大学三年生になってゼミという形式で学ぶようになってからです。「うわー、文学の勉強おもしれぇー！」と思いました。そのとき初めて、「この面白い文学と一生付き合っていける国語の先生になれればいいな」と思いました。そして、中学生のお子ちゃまに文学や人生を語ってもわからないだろうから、なるんだったら高校の国語の先生だと勝手に決めました。二十一歳でした。随分、遅いですよね。当時はキャリア教育とかあまりなかったのです。

さて、今日、なぜ私がこんな話をしたか。

決して、当時の数学の先生の悪口を言いたかったからではないのです。いま、考えると、その先生の気持ちもわかるのです。あんなに反発して、申し訳ないことをしたなあ、と思います。最初のボタンを掛け違えているから、なんとか私を立ち直らせようと、よかれと思って言われることが、ことごとく裏目に出てしまうのですね。また、私自身も苦しかったので、誰かに反発することでやっと生きていたのだと思います。反発ばかりして、数学に向き合おうとしない私に対して、先生も手を焼いておられたと思います。また、お互いにとって運の悪いことに、私は三年間その先生が教科担だったのです。本当に申し訳なかったと思います。

でも、私は自分が教師になったからわかるのですが、嫌われることも学校の先生の仕事のひとつです。私がそうだったように、若者は先生や親に反発することによっても成長するのです。反発して壁を越えようとして、成長するのです。

はたして、高校一年生のときに担任に予言されたように、私が「根っこが浮いて、だめになった」かどうか、私にはわかりません。特に立派な人間になったという自覚もありませんが、少なくとも犯罪を犯したりはしていないので、そんなにダメにもなっていないとは思います。

いま私は十六歳の頃の話をしました。今から、四十年以上昔の話です。でも、こんなに鮮明に覚えているのです。皆さん、高校生はまだ子どもだからなんて、自分をバカにしたらいけません。大人になっても、高校生の頃と考え方の基本は変わらないものです。私は本当に愚か者でしたが、愚かなりにしっかりと自分自身と向き合っていたという、藁《わら》ひとすじの自負心はあります。それが、今の自分の多くの部分を作っているということをひしひしと感じています。

先日の萌樹祭で、一年四組がアンジェラ・アキの『手紙』を唄いました。

「今　負けそうで　泣きそうで　消えてしまいそうな僕は　誰の言葉を信じ歩けばいいの？」

歌を聴きながら、私は自分の十六歳の頃を思い出して、胸に熱いものがこみ上げました。若い時は、本当に苦しいものです。青春は美しくなんかありません。あとで考えると、どうしてあんなことでくよくよ悩んでいたのだろう、と思うことが大半ですが、そのときは苦しいものです。


さて、今年は、先生たちと話し合って、皆さんに昨年より少し長い夏休みをあげられます。三年生は受験を控えて大変でしょうが、一年生・二年生はまだ少しだけ余裕があるかもしれません。勉強だけでなく、自分を見つめる夏休みにしてほしいと思います。

最後にひとつ言い忘れました、私がこんなことを言ったからといって、後期課外をあんまり休んだりしないでくださいね。先生方から、「校長がいらんことを言うからだ」と、私が責められてしまいますから。

それでは、また九月一日に一回り大きくなった皆さんとお会いできることを楽しみにしています。

これからの学力

二学期
始業式式辞
平成26年
9月1日

皆さん、こんにちは。いよいよ二学期が始まります。夏休みの間に、長崎県では高校生による凄惨な事件があったり、広島県では大雨による大規模な土砂災害でたくさんの方が犠牲になり、大きな被害が出るなど、不幸な事件や事故がありました。ただいま、ここで多くの部活動や個人活動の表彰をしましたが、皆さんにとってはどんな夏休みだったでしょうか。

私は、この夏ちょっと不思議な体験をしました。次々に英文のエアメールが、私の元に届いたのです。それは七月中旬から八月にかけてのことで、合計で九通になりました。英文の出だしは、全て「Dear Mr. Dan」です。最初のエアメールには、「I can play tennis. Do you enjoy any sport?」と書いてありました。「うーん、いきなり　ドウ　ユウ　エンジョイ　エニイ　スポーツ？　と言われてもなあ」と思いながら、差出人を見ると、一年四組 Honami Kai と書かれています。

甲斐穂奈美さんという生徒がアメリカに留学してるのかな、と一瞬思いましたが、現在留学している生徒はいないことを思い返して、確認してみるとやはりいません。しばらくすると、同じ一年四組で、サッカーのマネージャーをしている岡田夢乃さんから、「Do you like soccer?」というエアメールが届きました。それから、バドミントン部の岩切広優君、陸上部の柳瀬涼介君、一年五組からは、金井遥花さん、中山皓貴君、三橋綾佳さん、河野彩音さん、高吉陽菜乃さんと計九通になりました。高吉さんのハガキには、八月二十三日に延岡で行われたオペラ『カルメン』に出演すると書いてありました。公演はうまくいったのでしょうか。

なぜ、私の元にたくさんのエアメールが届いたかというと、六月にアメリカに留学された英語科の蛯原美穂先生が、四組と五組で実際にエアメールを書く授業をされたのだそうです。それをアメリカに持って行かれて、アメリカで次々に投函されたらしいのです。

とりあえず、蛯原先生が新しい環境でお元気であるということと、小柄な蛯原先生がアメリカの郵便ポストに背が届いたということはわかったので、蛯原先生にはお礼のメールを打ちました。また、数多い対象の中から、よりによって私を選んでハガキを書いてくれた九名の皆さんには、この場でお礼を言いたいと思います。ありがとうございました。

また、私は先日宮崎空港で、突然うちの生徒にあいさつをされました。一年一組の甲斐美晴さんでした。これからどこに行くの？　と聞いたら、秋に開催される「のべおか天下一薪能」に出演するので、京都まで能を習いに行くのだということでした。高校生のうちから能を習うなんて、素敵な趣味ですね。私の知らないところでも、たくさんの本校生が多くのことにチャレンジしているのだなと、大変心強く思いました。

さて、二学期の始業にあたって、今日は皆さんがこれから生きていく社会と、そこで必要な能力についてのお話をしたいと考えています。

皆さんは、大学入試センター試験がなくなるということを知っていますか。といっても、すぐにというわけではありません。平成三十三年頃、今から六、七年後くらいの話だと言われています。では、なくなってどうなるかというと、センター試験にかわって、「達成度テスト」と呼ばれるテストが実施されることになりそうです。時期は、高校二年次と三年次にそれぞれ二度ずつで、これまでの一発勝負的な要素をなくし、評価の仕方も現在のように一点刻みではなく、おそらくAレベル・Bレベル的な大きな刻みになるのではないかといわれています。

受験生は「達成度テスト」の結果を持って、今度は希望する大学の門を叩くわけです。で、大学は志願者の「能力・意欲・適正」を多面的に評価します。多面的とはどういうことかというと、討論・発表・小論文・面接・実験・実技等、それぞれの大学が欲しい生徒を大学独自の方法で選抜するわけです。もちろん、学力試験もありますから、大学は選抜試験にかなり大きな労力を割くことになります。ある大学では、リーダーの資質のある学生を選抜するために、グループ毎にテーマを与えて、数日間かけて演劇を創り上げるという課題に取り組ませて、その過程を試験官がずっと観察して受験者の資質を見極める、ということを試行したそうです。試験をする方もなかなか大変ですね。

どうして、そんな労力をかけてまで試験制度を変更する必要があるのか。それは、これまでのように知識量を問う教育のあり方を改めないと、グローバル化の進むこれからの国際社会を生き抜いていけないからです。中教審というところが出した文書にこう書いてあります。

《社会の変化が激しく、先行き不透明なこれからの時代においては、変化に対応して自ら課題を設定し、答えのない問題に解を見いだし、他者と協調するなどしつつ、実行・実現していくことのできる力が特に重要となる。》

たとえば、皆さんが社会人となって、東南アジアのベトナムかどこかの支店にいきなり派遣されたと考えてください。そこで、ベトナムの人向けに本社が開発した商品を売り込まなければならない。スタッフはほとんど現地採用の人たちです。なぜ現地の人に商品が受け入れてもらえないのか。何が問題なのか。どうすればいいのか。現地のスタッフはどうすればこちらの意図どおりに動いてくれるのか。いま、世界のあちこちで日本人が直面している問題です。

先ほど読み上げた、「自ら課題を設定し、答えのない問題に解を見いだし、他者と協調する」とは、こういうことです。ここでは、ただたんに知識があるだけの青白きエリートは何の役にも立たないでしょう。また、自分だけが売り上げを伸ばせばいいという個人主義者でもダメなのです。チームで向上しなければならないのです。求められている能力が変わってきている、ということの意味がわかりましたか？　でも、考えてみれば、そもそもこれらは本来人間に必要な能力であって、やっとそのことに気づいたとも言えるでしょう。

さて、ここで「知識を詰め込む学び」の限界について、二つの書物の例を紹介します。一冊目は国語科の木原先生からお借りした、『リバースエッジ大川端探偵社』という探偵マンガに登場する木暮という男の話です。

木暮は大抵のことはすぐに記憶してしまうという天才的な記憶力の持ち主で、東大法学部に入学します。ついたあだ名は「人間カメラ」。まさにカメラで写すように記憶してしまうのです。うらやましいですね。ところが、彼は華々しいエリート街道から降りて、家具職人になってしまうのです。家具職人がいけない、という意味ではありませんよ。なぜ、そういう道を選んだのか、調べてほしいというのが探偵社に依頼された仕事です。探偵が本人に会うと、その記憶力はいまなお錆びついてはいませんでした。

「あなたは天才だ」と言われた木暮はこう答えます。「いや違う。あたしの学歴なんぞは、究極のカンニングみたいなものだ」と。

つまり、たんに記憶力が優れているというのは、カンニングしたのと同じである。それは優秀さの証明にはならず、それだけでは何の意味もない。大事なのはその記憶をどう活用するかであって、そこにこそ人間の能力があるのだと、そういう話です。

もうひとつ、紹介します。平田オリザという人の『わかりあえないことから』という本です。平田オリザという人は、もともとは劇作家ですが、最近ではコミュニケーション論の第一人者です。平田さんはこう言います。

《問題はこれまでの日本の学校教育のシステムは、この「短期的な記憶」しか問うてこなかったという点だ。分数は期末試験までできればいい。英単語は大学入試まで覚えていればいい。学校での学びと、社会で有用な知恵が、ほとんど連結していなかった。

もちろん、そのような試験にも意味はあったのだと思う。そこで問われていたのは、おそらく「学力」ではなかった。そこで問われていたのは、「従順さ」と「根性」だった。教師から、「期末試験に出すから、教科書のここからここまで覚えてこい」と言われて、それを素直に履行する従順さと、それを時間内に覚えきる根性が問われていた。そして、それは、たしかに無意味なことでもなかった。高度経済成長期には、そのような従順で根性のある産業戦士こそが、国家から求められる人材だったのだから。

工業立国においては、「ネジを九十度曲げなさい」と言われたら、九十度曲げる正確性とその能力が求められてきた。しかし、付加価値（人との違い）が利潤を生むサービス業中心の社会においては、九十度曲げる能力、いわゆる従順の基礎学力に加えて、六十度曲げてみようという発想や勇気、あるいは「百二十度曲げてみました、なぜなら……」と説明できる表現力やコミュニケーション能力がより重要視される。》

《いま大事なことは、「よく覚える」という点だ。「たくさん覚える」「早く覚える」という教育から「よく覚える」という教育へ、教育の質を転換していかなければならない。》

いまお話しした二冊の本はいずれも、これからの社会が「記憶力＋α」を皆さんに求めているという話です。最初に日本の試験制度が変わるということをお話ししました。間違えてはいけません。試験制度が変わるから勉強の仕方を変えなさい、ということではないのです。もっと本質的な話です。そもそも勉強とはそうあるべきだったのです。冒頭に、センター試験がなくなるのは平成三十三年頃ということを話しましたが、これから皆さんが受験するセンター試験も当然のことながら、内容は知識重視から思考力重視に変わっていきます。

今年、本校の先生たちは、「生徒の自学力を高めて、深い学力をつけるための学習指導のあり方の研究」というテーマを掲げて、皆さんが「主体的に考え、主体的に学ぶ」ための授業法を研究しているところです。

二学期が皆さんにとって、主体的に学ぶことのできる学期となるように、先生たちも努力します。どうか皆さんも、自分の自学力を高めて主体的に学び考えることが、真に勉強することだと意識してほしいと思います。

勇気とは何か

二学期
終業式式辞
平成26年
12月24日

いよいよ今日で二学期も終わりです。ただいまたくさんの表彰をしましたが、二学期は部活動の活躍が目立ちましたね。

さて、今日は二学期の終わりと、一年の締めくくりに当たって、「勇気」ということについて、少しお話ししたいと思います。

どうしてそんな話をするかというと、今年の六月頃でしたか、校長室にやって来た三人の三年生の中のある男子生徒が、話の流れで、「校長先生、どうしたら勇気は出せるのでしょうか」と聞いたことがありました。そのとき、私はうまく答えることができませんでした。でも、いつか私なりの考えを伝えなければならないと、ずっと考えていました。

そんななかで、先日、史上最年少でノーベル平和賞を受賞したマララ・ユスフザイさんの受賞演説を聴いて、この人の勇気はいったいどこから来るんだろうと思いました。

マララさんは、二〇一二年イスラム過激派のテロ組織にスクールバスの中で銃撃され、イギリスに搬送されて、九死に一生を得ました。先日の彼女のノーベル賞受賞演説を聴いた人も多いでしょう。英語の授業で読んだ人もいるかと思います。ちょっと、一部を紹介します。

彼女はまず、「私はこの賞をいただく最初のパキスタン人であり、最年少であり、弟たちとまだケンカするような最初のノーベル賞受賞者である」と聴衆をなごませます。そして、こう続けます。

「この賞は、私だけのものではありません。教育を望みながら忘れ去られたままの子どもたちのものです。平和を望みながら、おびえる子どもたちのものです。変化を求めながら、声を上げられない子どもたちへの賞なのです。今、私は彼らの権利のために、そして彼らの声を届けるために、ここに立っています」

「教育は人生の恵みの一つであり、生きる上で欠かせないものです。このことを私は、十七年間の人生で経験しました。……私たちは教育を渇望していました。なぜならば、私たちの未来はまさに教室の中にあったのですから。ともに座り、学び、読みました。格好良くて清楚な制服が大好きでしたし、大きな夢を抱きながら教室に座っていました。両親に誇らしく思ってもらいたかったし、優れた成績をあげたり何かを成し遂げるといった、一部の人からは男子にしかできないと思われていることを、女子でもできるのだと証明したかったのです。ですが、こうした日々は続きませんでした。観光と美の地であるスワートが突如として、テロリズムの地と化したのです。四百以上の学校が破壊され、女性たちはムチで打たれました。人々が殺されました。そして、私たちのすてきな夢は、悪夢へと変わったのです。教育は『権利』から『犯罪』になりました。女の子たちは学校に行くのをやめさせられました。しかし、私をとりまく世界が突如として変わったとき、私が優先すべきことも変わったのです。私には二つの選択肢がありました。一つは黙って殺されるのを待つこと。二つ目は声を上げ、そして殺されることです。私は後者を選びました。声を上げようと決めたのです」

そのあと、マララさんは辛い思いをさせられている友達や、自分と志を同じくする友達の名を紹介して言います。

「私はマララです。そして、シャジアでもあります。
私はカイナート。
私はカイナート・スームロ。
私はメゾン。
私はアミナ。
私は、学校に行けない六千六百万人の女の子です。

今日、私は自分の声を上げているわけではなく、六千六百万人の女の子の声を代弁しているのです」

「親愛なる兄弟姉妹の皆さん。いわゆる大人の世界であれば理解されているのかもしれませんが、私たち子どもにはわかりません。なぜ『強い』といわれる国々は、戦争を生み出す力がとてもあるのに、平和をもたらすことにかけては弱いのでしょうか。なぜ、銃を与えることはとても簡単なのに、本を与えることはとても難しいのでしょうか。なぜ戦車をつくることはとても簡単で、学校を建てることはとても難しいのでしょうか」

すごい人ですね。彼女は十七歳です。皆さんと同じ、またはひとつ上か下の少女です。今回の受賞を契機に、彼女が銃撃されたときに着ていた血染めの服も公開されたそうです。もし、私たちがマララさんのようにテロリストに襲われたとしたら、どうでしょう。恐らく、生涯その恐怖から逃れることは難しいのではないでしょうか。

彼女の勇気は、一体どこからくるのでしょうか。

ここで少し漢文の世界に寄り道させてください。

皆さんは、孔子の『論語』を学びましたね。孔子には、思慮深い顔回という弟子と、乱暴で腕力に自信のある子路という弟子がいました。子路は、いつも孔子が顔回ばかりをほめるのが面白くありません。

あるとき孔子が顔回にこう言います。

「国の王様に認められて高い地位を与えられたら、それにふさわしい仕事をする。でも、クビになってしまったら、黙って不平も言わずに引き下がって、またときを待つ。そんなことができるのは、私とお前くらいだね」

もちろん、横にいた子路は面白くありません。口をとんがらせて孔子にこう言います。

「じゃ、先生。もし、大軍を率いて戦をしなければならなくなったら、誰を部下として連れて行きますか？」

子路ってかわいいやつですね。当然、そういう勇敢さが求められるときは、なよっとした顔回ではなくて、自分を連れて行くと孔子に言ってほしいのです。すると、孔子はこう言います。

「暴虎馮河《ぼうこひょうが》　死して悔ゆることなきは、我ともにせざるなり」と。

暴れ回る虎に素手で立ち向かったり、荒れ狂う大河を徒歩で渡ろうとするような、そんな無謀な人間とは私は行動を共にしたくない」と孔子は言うのです。「必ずや、事に望みて懼《おそ》れ、謀を好みて為さんものなり」。まず不安に思い怖がって、怖いからいろいろ計画を立てる人間と、私は一緒に行動したいのだ。というのです。

勇気と無謀、無茶は違いますね。そして、孔子は臆病であることは大事だといいます。臆病だから、いろいろ準備をするのだと言うのです。私も含めて、多くの人は臆病です。でも、臆病だからそれで終わりだというのではない。自分は臆病だと認識するところから始まるのだと、孔子は言いたいのでしょうか。

マララさんの演説を聴いて、少しわかったような気がしました。マララさんは、「私は、学校に行けない六千六百万人の女の子なのです」と言いました。マララさんが勇敢な人であることは間違いありませんが、それは六千六百万人の人が自分の背後にいる、自分を支えているという気持ちだと思います。マララさんを見ていると、勇気は生まれつき持っているものではなくて、何かを背負ったとき内面から滲み出てくるもののように思えてきます。

いえ、勇気のない私がいうのもナンですが、風采の上がらない中年親父の私でも、本校生七百四十一人を宇宙人の攻撃から守らなければならないときが来たら、もしかしたら勇気を見せられるかもしれません。地球防衛軍の隊長として、頭から強力な光線を出したりするかもしれません。勇気というのはそういうものだと思うのです。

さて、三年生の皆さんには、受験前の大切なときに、寒い体育館で長い話をしました。でも、同じ十七歳の女性が六千六百万人のために戦っているということを知っているだけでも、皆さんの受験との向き合い方、教室で学ぶことの意味も変わってくるかなと思って、この話をしました。

優先順位ということ

三学期
始業式式辞
平成27年
1月8日

新年明けましておめでとうございます。今日の始業式は、インフルエンザが流行の兆しがあるというので、放送室からのあいさつになりました。なんだか変な感じですが、年頭に当たって、二つのことをお話ししたいと思います。

三年生の皆さんは、センター試験までいよいよ十日を切りましたね。高校時代の私は、期末試験とか実力試験とか、何か試験が近くなると無性に本を読みたくなって困りました。勉強をしようとすると、なんだかとても大事な忘れ物をしているような気になって、勉強なんかしていていいのか、という気持ちになるのです。そのくせ、試験が終わると、憑《つ》きものが落ちたように、本なんか全く読む気がしなくなるんですよね。試験が近くなると、まず気持ちを落ち着けるために掃除をしたくなる、という人もいるらしいですね。皆さんはどうですか。

三年生は、まさかセンター試験が近いこのときに無性に本が読みたいという人はいないと思いますが、今日は私が皆さんに、お年玉代わりに魔法の言葉をプレゼントします。

それは、「プライオリティ」（優先順位）という言葉です。なんだそんな言葉なら知ってる、と思わないでください。

私はこの言葉を、カルロス・ゴーンの本で学びました。カルロス・ゴーンという人を知っていますか。日産の社長ですね。もともとはタイヤ会社のミシュランで業績を上げて、フランスのルノーという自動車会社の社長にヘッドハンティングされた人です。そして日産の社長になります。一時は倒産寸前だった日産がゴーンさんが社長になったから倒産せずに済んだということは、事実です。そのカルロス・ゴーンの座右の銘が「プライオリティ」だというのです。「優先順位の低いことを、いくら上手にやっても、それは、時間・才能・労力・資源のムダになってしまう」と、彼は言います。いろいろな要素が入り交じって、混沌としていることに対して、「優先順位」という言葉で、「ソートをかける」のです。

「ソートをかける」という言い方は皆さんわかりますよね。たとえば、学年末試験が近い。でも、本を読みたい。掃除もしたい。友達にメールもしたい。いろいろしたいことはあります。そこに、「優先順位」という言葉で、ソートをかけるのです。すると、やることの順番がすっと決まってくるような気がしませんか。

今やるべきことは何か。

今しかできないことは何か。

そのことについて、私は今でも悔やまれることがあります。私が高校生のときに、私を比較的かわいがってくれた伯父が急死したことがありました。葬式の日が、ちょうど実力試験でした。私のことを心配する田舎の純朴な親戚の人たちは、私が普通科高校にいるということだけで、私に試験を優先することを勧めました。葬式には遅れてくればいい、と言いました。当時の私には、その忠告を断る強さも信念もありませんでした。結果的に、伯父の葬式に出られなかった私は、その後の人生でそういう選択をしたことをたびたび後悔しました。

プライオリティ。優先順位。今、やるべきことは何か。今しかできないことは何か。

カルロス・ゴーンの本を読み、この言葉を手に入れて、私はそれまでより迷うことが少なくなったような気がします。

センター試験が十日前に迫っているのに、勉強どころじゃない。本を読みたくて読みたくて仕方がない、という人がいますか。または、ギターにはまって、ギターを弾きたくて弾きたくて仕方がない、という人がいますか。そういう人は大バカ者ですね。

でも、もし、そういう人がいたら、その人にとっては、本が、あるいはギターが、優先順位の一番にくるのかもしれません。勇気を持って、そういう人生に踏み出すことも、そういう人生もありかな、と私は思います。

何が自分にとって優先順位の一番か。冷静に立ち止まって考えること。年頭に当たって、まず、この言葉を皆さんに贈りたいと思います。

さて、ここからは一年生と二年生の皆さんに話します。

昨年に引きつづいて、今年も一月と二月の厳寒期の朝課外を停止します。理由は、日の出の遅い季節に朝の暗いうちに家を出ることに危険が伴うこと。また、そんな時期に皆さんより早く起きてお弁当を作ったり、車で送ったりする家族の負担も大変なこともあります。また、この時期は推薦入試や学年末考査もあって、朝課外の実施できる日が少ないこともあります。

でも、一番大きな理由は一学期・二学期の集大成として、自主的・主体的に学ぶということを皆さん自身で実践してほしいということです。昨年は、私たちも保護者もそして恐らく皆さんも、朝課外を実施しなくても大丈夫だろうかという不安の中でのスタートでした。

おそらく、宮崎県の普通科高校の中でも初めての試みでしたが、その後の皆さんの成績を見る限りでは、現在の二年生も三年生も、下がるどころかむしろ伸びてきました。それで、今年も胸を張って実施できるのです。もし、皆さんの成績が下がっていたら、私は本校の責任者として、今年も朝課外の停止を実行することはできませんでした。ですから、こうやって二年目を迎えられることは、大変うれしいことだと思います。

また、私たち先生は一学期・二学期と、授業中に『生徒を静かな観客にしない』ということを合い言葉に、授業を工夫改善してきました。これまでよりも、グループになったり、プロジェクターを使ったり、いろいろとみんなで意見を出し合ったりする授業が増えたと思いませんか。または、自分の頭の中であれこれと考える機会が増えたと思いませんか。皆さんが授業中に生き生きと活動して、学ぶことを面白いと実感してくれるような授業をしたいと、先生たちも努力しています。

二学期に何回か、県の教育委員会の訪問がありましたが、本校の授業風景を見た方々は、例外なく皆さんの授業中の視線が真っ直ぐ前を向いていることを褒めてくださいました。また本校は、進学校の中では極端に不登校や退学する人の数が少ない学校なのですが、その理由の一つに皆さんが授業に集中していて、授業中の顔が輝いていることを挙げる方もおられました。

学ぶということには、一つの真実しかありません。それは、自分から学びたいと思っている人しか学べないということです。どんなに能力に恵まれていても、環境に恵まれていても、いい先生に恵まれても、自分から学びたい、と思っている人しか学ぶことができないのです。そんな人にとっては、勉強は苦痛でも苦行でもない。喜びであるはずです。どうか自分の頭で考えて、主体的に学ぶということを実践して、学ぶ喜びを感じられる三学期にしてほしいと思います。

本校が、学ぶ喜びに溢れる学校になることが、私の願いです。

グローバル時代を生き抜く精神

卒業式式辞
平成27年
3月1日

ただいま卒業証書を授与されました二百四十二名の皆さん、卒業おめでとうございます。心からお祝い申し上げます。

希望に胸を弾ませて入学した人も、または遠く離れた中学校からひとりだけの心細い思いで入学した人もいるでしょう。本校での三年間を終えて、今皆さんの胸に去来するものはなんでしょうか。私には、勉学にも学校行事にもいつも全力を出し尽くす皆さんのリーダーとしての姿が、ひときわ印象に残りました。

そして、何よりも皆さんが三年間の集大成として全力を注いだのが萌樹祭でした。運営委員長の岸潤一郎君を中心にしたオープニングは、歌ありダンスありお笑いありと、プロ顔負けの構成と内容でした。毎年楽しみにしておられる保護者が、この体育館に入りきらないというので、今年から体育館二階ギャラリーも開放しました。

その中で今年も三年生全クラスが、創作による演劇の力作を発表しました。一組は「桃太郎裁判～それでも僕はやってない～」という劇でした。トップバッターの緊張の中で、一人ひとりの確かな演技力が光りました。二組の「までい〜守るべきもの」は、「ふるさとを大切にするとはどういうことか」を私たちに突きつけて、第二位の優秀賞を獲得しました。三組の「ペインターズ」では、緞帳が降りた後に舞台裏から聞こえてきた歓声が、皆さんの努力を語っていました。四組は「ツナガルキセキ」という劇で、人間を信じようとするメッセージをしみじみと届けてくれました。

五組の「さあ、いこう〜OUR BUS IS BOUND FOR LIBERTY」は、自由を求めて行動する人間の姿を真っすぐに描いて、最優秀賞に輝きました。六組は「SAY IT WITH FLOWERS」でした。よく書き込まれた脚本で、人間を丁寧に多面的に表現しました。七組の「DYE HEART」は、衣装もセットも華やかな舞台でした。クラスの一体感が伝わる劇で、特別賞に輝きました。

そして、閉会式。私は結果発表のときに、皆さんが体育館の床を全員で叩く本校独特のドラムロールがとても好きです。いえ、それはきっと私だけではありません。本校にいる者はみんなそうですね。いまこの学校にいることの幸福と充実を、全校生が一体となって共有しあえる時間です。そういう瞬間を高校時代の友と体験できた皆さんは、幸せだと思います。その体験が、これからの皆さんの人生を支えてくれることになるでしょう。

さて、今年に入って、中東から目を覆いたくなる衝撃的なニュースが、次々に入って来ました。グローバリズムが私たちにもたらすものは、経済的恩恵という甘美な果実ばかりではないことを、私たちは否応なく知らされました。暴力と紛争が日常的に世界を覆うこの時代を、私たちはどう生きていけばいいのでしょうか。

昔、広津和郎という人がいました。今ではあまり知る人もいない小説家です。一九四九年、のちに戦後最大の冤罪《えんざい》と呼ばれる、「松川事件」という列車転覆事件が起こります。容疑者として、二十名の若者が逮捕されました。日本中が彼らを犯人と信じて疑わない中で、そのとき、すでに六十歳を過ぎていた広津和郎は、獄中から無実を訴える彼らの手記を読んで、彼らの無実を直感します。

そこから広津和郎の戦いが始まります。「素人が口出しをするな」「老作家の失業対策だ」と、激しい非難中傷を浴びながら、彼は雑誌に四年半にわたって、容疑者の無実を訴える孤独な連載を続けてペン一本で戦い抜き、無罪判決を勝ち取る大きな力となります。

何が彼の行動を支えたか。それは、「忍耐強く、執念深く、みだりに悲観もせず、楽観もせず、生き通していく精神」であったというのです。

これはたんに個人の人生観を語った言葉だというだけでなく、日本という国の方向性を戒めた言葉でもあります。「みだりに悲観もせず、楽観もせず」というのは、浮き足だった極端を戒め、冷静にものごとを見つめる地を這《は》うような「粘り強い中庸の精神」の勧めであります。

精神の振れ幅が大きいのは若者の特徴ですが、いま、日本から「冷静な大人」が急速に少なくなっているように感じます。連帯すべき隣国に対する感情的な非難や、ときに嘲笑さえもが聞こえるなかで、その反動であるかのように、日本を手放しで賛美する書籍の出版やテレビ番組が増えてはいないでしょうか。

たしかに日本は素晴らしい国です。世界に誇るべきものをたくさん持っています。であるからこそ、私たちは冷静でなければいけません。極端に走ってはいけません。たとえ異文化が自分たちの常識では受け入れがたいものだったとしても、関係を絶つことはできません。

「忍耐強く、執念深く、みだりに悲観もせず、楽観もせず」

これからグローバル社会を生き抜く皆さんに、このことを是非お願いしたいと思います。

卒業生の皆さん。いよいよ巣立つときが来ました。先頃、日本創成会議というところが、二〇四〇年には日本の半分以上の自治体が消滅するという、ショッキングな数字を発表しました。皆さんがちょうど働き盛りの頃、延岡はどうなっているでしょうか。保護者や地域や学校が、皆さんを優秀な人材に育てれば育てるほど、皆さんは宮崎県を出て、ふるさとが空洞化するという皮肉な現実があります。

卒業生の皆さん。どんなに遠くに離れても、宮崎県北の美しく豊かな自然と、穏やかで派手な振る舞いを好まない、素朴な人々のなかで育ったことを忘れないでください。誇りに思ってください。それが、皆さんのバックボーンであり、皆さんのアイデンティティです。

そして、いつの日か人生に少し余裕ができたら、家族やふるさとのために自分に何ができるのかということに、思いを馳せてください。

他人とどう付き合うか

三学期
終業式式辞
平成27年
3月20日

いま、皆さんが体育館に入場して、ひとしきりざわざわしていましたが、誰に指示されるでもなく自然と静かになりましたね。昨日のクラスマッチを楽しむときの元気のよさと、こういうときのけじめと、そのメリハリが見事だなあと感心した次第です。本校のよき伝統としてぜひ引き継いでほしいですね。

三月は入試の季節です。昨日は高校入試の合格発表を行いました。皆さんはそれぞれ一年前、二年前の自分を昨日のことのように思い出すでしょう。また、先日卒業した三年生は前期日程が終了した時点ですが、いまのところ昨年を上回るような成果を上げてくれています。

今年の卒業生を見ていて、素晴らしいと思うことが二つあります。一つは彼らが後期試験まで粘り抜いたことです。国公立前期試験合格発表、私大・専門学校と周りが次々に進路を決めていく中で、後期まで受験するというのはやさしいことではありません。早く気分的に楽になりたいという誘惑との戦いですね。進路主任の先生が、「うちの三年生はカッコイイ！」と言っておられました。私もそう思います。

二つ目は果敢にチャレンジしてくれたことです。センター試験で思うような結果が出ないと、どうしても自分の希望を一つ下げて受験することが多かったのが、これまでの本校生でした。今年の三年生は、医学部や難関大を希望していた人も含めて、多くの人がそのまま初志を貫徹しました。もちろん家庭の事情などで、変更せざるを得ないことはありますが、できる限り志望を変えないで高みを目指してチャレンジする精神は、これからの本校生に求められるものだと思っています。

さて、先日皆さんに環境保健部が「悩み・不安アンケート」を実施しました。結果を見ますと、進路や人間関係など、現在悩みを抱えているという人が百人近くいました。今日はそのことについて少しお話ししたいと思います。

まず、最初に確認したいのは、いじめなどの特別な事例は別として、一般的に若者が悩むのは当たり前だということです。悩んでいる自分を特別だと思わないで、受け入れることが大事だと思います。私は保健室にいる人や、たまに校長室に直接相談に来る人と話す機会がありますが、友達との人間関係に悩んでいる人が多いですね。

そういえば、最近ある大学の教授から、ゼミが昔ほど盛り上がらなくなったという話を聞きました。ゼミというのは、少人数形式の大学独特の授業で、発表者の考えについてみんなで意見を出し合って成立する授業です。ところが、最近の学生は反対意見を述べないのだそうです。相手に気を遣って、反対しないのです。だからちっともゼミが面白くないのだそうです。意見が対立することを、人間関係が対立することだと勘違いしているんですね。

そもそも、この社会ではそれぞれの個性を持つ人と人とが付き合うのですから、ぶつかるのは当たり前です。でも、だからこそ面白いのであって、対立を恐れたら、本当の人間関係は作れません。

皆さんとお話ししていると、これまで親しかった友達と合わなくなることについて、自責の念を感じる人が多いようですね。でも、どんなに親しかった人でも、いつか合わなくなるのは仕方がないことです。誰が悪いわけでもありません。体が大きくなれば、服は入らなくなる。幼いころ気に入っていたチェックの柄が、好みでなくなることもあります。誰が悪いのでもありません。仕方がないことです。世の中には、仕方がないことがたくさんあります。生きるというのは、仕方がないことを受け入れて、重ねていくことだと思います。

一方で、皆さんの中には、自分は友人に恵まれていると感じている人もたくさんいます。それは、あなたが人として魅力があるから、周りの魅力的な人が集まってくるんですね。

私が以前通っていたお好み焼き屋のおばちゃんが、面白い話をしてくれました。そのおばちゃんはとても霊感が強くて、ゆうべ見た夢が現実に起こるなんてことがよくあるんだそうです。

で、鉄板を囲んでお好み焼きを食べている人たちの背後についている、守護霊みたいなのも見えてしまうんだそうです。私は見たことがありませんが、そういうことがあるんでしょうか。そのおばちゃんが、ある日私にこう言いました。

「先生、不思議なんですよ。グループによって、テーブルを囲むみんなに疫病神みたいなのがついているグループがあるかと思うと、違うグループはみんないい霊がついているんです。グループによって、はっきり違うんです」

そんなことが実際あるのかどうか。非科学的な話ですが、私は示唆的に聞きました。お好み焼きを食べながら、みんなで人の悪口を言ったり足を引っ張ったりするグループには、みんなに貧乏神がついているんでしょうね。反対に、前向きな話題に興じているグループには、前向きな守護霊がついている。類は友を呼ぶと言いますが、十分考えられる話です。

さて、話が少し飛躍しました。飛躍ついでに、今度は同じ人間関係でも、友達とは少し違う「愛」についてお話ししようと思います。

皆さんは人を愛するようになる年頃でしょう。私たちは一般に、恋愛をするためにはその対象として、「いい人」が必要だと考え、そういう人がいないかと探します。そして、自分を気に入ってもらえるように、外見を飾って美しくなろうと努めます。これが、恋愛について、まず私たちがすることです。

それに異を唱えた人がいます。ドイツの心理学者で哲学者でもあったエーリッヒ・フロムという人です。『自由からの逃走』という著作が有名で、倫理を選択する人は授業でも学習するはずです。フロムが、『愛するということ』という著作でこのように言います。

「この態度は、絵を描きたいときには、技術を学ぶかわりに、正しい対象を得なければならない。そして、それを見出しさえすれば美しく描けるだろうと主張する人に似ている」

つまり、どんなに美しい風景を見つけても、それだけではいい絵は描けない。いい絵を描くためには、まず技術が必要である。それは、愛することにおいても同様である、とフロムは言うのです。

本校は九〇パーセント以上の人が部活動をしていますが、運動部の人は高校総体に出るために毎日練習に励みますね。同様に、恋の高校総体に出るためにも練習が必要だと、フロムは言うのです。いえ、フロムは恋の高校総体なんて言いません。これは私の解釈です。

では、その練習で身につけるべき「技術」とは何か。それは、「自分ひとりになれること」だと、フロムは言います。

「もし、自分自身の力で立っていることができないからというので、他人に愛着を持つというのであれば、彼あるいは彼女は人命救助者であろうか。その場合のふたりの関係は愛による関係ではない。逆説的にいえば、ひとりでいられるという能力は、愛する能力を持つことへの条件である」

一人では生きていけないから、二人になるのではありません。一人で生きていける強さを持つことが、二人で生きるための条件だというのです。言うまでもありませんが、これは恋愛関係についてだけではありませんね。友情をはじめとして、全ての人間関係の基本だと思います。では、どうすれば一人でも生きていける強さを身につけられるか。それは、考えること、読書をすること、一人でいることを恐れないこと、自立することだ、とフロムは言います。

私の話は、いつも最後は「自立する」大切さに行き着きますね。どうか皆さん。よい友を見つけ、いい恋愛をするために、自立するということを身につけてください。

それでは、つかの間ではありますが、春休みに入ります。次に会うときは、それぞれ一年ずつ進級しています。また、新しい顔でお会いしましょう。

未来のチャーチルへ

〜平成二十七年度式辞〜

未来のチャーチルへ

入学式式辞
平成27年4月10日

校内にある牧水の歌碑を見守る山桜が、瑞々《みずみず》しい葉桜になった今日の佳き日に、多数のご来賓のご臨席を賜り、ここに第七十回入学式を挙行できますことを心よりお礼申し上げます。

ただいま名前を呼ばれました二百四十九名の皆さんの入学を、在校生・教職員一同心から歓迎します。本日のこの喜びは皆さんの努力の賜ではありますが、その陰には皆さんを慈しみ育てられたご家族をはじめとして、多くの方々のご苦労があったことを忘れてはなりません。本日新しく第一歩を踏み出されるにあたり、これらの方々のご恩に報いるためにも、より一層の努力を期待します。

さて、ここで皆さんには馴染みの薄いかもしれないイギリスの偉大な政治家、ウィンストン・チャーチルという人の話をしたいと思います。ナチスドイツの攻撃から大英帝国を救った英雄として知られた人です。

イギリスの名門に生まれたチャーチルは、八歳のとき聖ジョージスクールに入学します。ところが、成績は全科目で最下位。体力もなく、問題児として校長からもたびたびムチ打ちの処罰を受けます。つづいてブライトン寄宿学校に転校しますが、問題児ぶりは相変わらずで、品行はクラス最低だったといいます。つづいて入学したハーロー校では、苦手なラテン語は名前以外は全て白紙答案で、親が元大蔵大臣だったという七光りで入学を許可されます。遅刻が多く、性格は頑固で、気分のムラが激しく、そのせいで上級生からはたびたび暴力を受けます。

普通の大学への進学は難しいということで、サンドハースト王立陸軍士官学校を志願しますが、それも二度受験に失敗し、三度目の挑戦でようやく合格します。それからも成績は悪く、士官候補生にはなれずに、騎兵科に進みます。ところが、専門に進んで、苦手だったラテン語や数学・古典から解放されたチャーチルは、戦略や戦術・地理の方面で能力を発揮し、卒業時には百二十名中二十位までになります。さらに、軍人になると、その体験をもともと得意だった文章にして発表し、ベストセラーも出すようになり、国民的人気を博して政治家を志します。

そのチャーチルが首相を務めていた一九四〇年八月、ナチスドイツによるイギリスの本土空襲が始まります。グレート・ブリテンと呼ばれたかの大英帝国本土が、他国から空襲を受けたわけですから、国民の不安と動揺は大変なものがありました。既にフランスは陥落し、次はイギリスの番かと国中が浮き足立ったときです。劣等生と呼ばれた偏屈な頑固者が、その本領を発揮するのです。

チャーチルは空襲に遭って動揺する市民の中を、悠然と葉巻をくわえてVサインをしながら励まして回るのです。ドイツとの和平や降伏を勧める声には一切耳をかさず、敢然と戦い続けます。稀代の頑固者の劣等生が、イギリスを救った歴史的瞬間です。優秀とは一体何をもって言うのでしょうか。そんなことを考えさせる話です。

新入生の皆さん。皆さんはこれまで中学校でも、優秀と言われてきた人たちです。そんな皆さんになぜこんな劣等生の話をするのか、不思議に思ったでしょう。今年の入学生は二百四十九名います。当然のことながら、一番もいれば、百番もいますし、二百四十九番もいます。二百四十九番は人間性の序列ではありません。将来にわたって変わらない数字でもありません。いま現在の学力の順番です。もし、もっと上の順位が欲しかったなら、違う学校の選択もあったと思います。それを承知で、望んで本校の門をくぐりました。そのことを忘れずに、努力を続けてください。

人間はいつダメになるか。他人がそのような烙印《らくいん》を押したときではありません。自分で自分をダメな人間だと認めたときに、ダメになるのです。努力を怠るのです。

私こそは未来のチャーチルである。どうか挫《くじ》けそうになったときは、そうやって自分を奮い立たせてください。

心の王国を

一学期
始業式式辞
平成27年
4月8日

皆さん、おはようございます。いよいよ新しい年度が始まりますね。

三年生は、私と一緒に本校に入学してきました。もう三年生ですね。いよいよ本校のリーダーです。心理学では役割効果ともいいますが、人はその立場にふさわしい人になろうと努力することによって、そのような人になれるということがあります。歴代の三年生がそうであったように、三年生としてのリーダーシップを発揮してほしいと思います。二年生はつい先日入学したばかりのように感じますが、もう中堅学年になりました。部活動でも後輩が入って来ます。どうかいい先輩になってください。

先ほど、校長室の掃除に来た人が、「新しいクラスが不安で涙が出そう」と語っていました。もうひとりは、「新しい友達ができるのが楽しみで、ドキドキする」と語っていました。皆さんは、どちらですか。人は新たに出会うためには、一度別れなければなりません。これまでの友達は大切にしながら、新たな出会いをしてほしいと思います。

先日の離任式で、私は今春の卒業生の大学合格状況をあげて、今まさに「本校の黄金時代」だと、少し臆面のない大げさな表現をしました。実は、それは大学合格状況だけのことではありません。県の教育委員会が毎年卒業前の高校三年生を対象に、無記名で高校生活を振り返っての意識調査を行っています。いろいろな項目がありますが、うれしいことにそのほとんど全ての項目で本校の卒業生は、三年間の高校生活についてかなり高い割合で肯定的に答えてくれました。少し、差し障りのない範囲で紹介します。

「学校の校風・教育方針についてどう思いますか?」という質問に対して、九割近い生徒が「満足している」と答えてくれました。また、「学校・学科の学習内容について学んだことを誇りに思っていますか?」という質問に対しては、八七・七パーセントの卒業生がイエスと答えてくれました。これは、調査の対象になった全ての学校の中で最も高い割合でした。そのアンケートの最後の質問は、「学校生活全体の充実度はどうでしたか?」と、三年間の全体を振り返る質問なのですが、それについては九三・二パーセントの人が「満足している」と肯定的に捉えてくれました。私たち本校の先生が願っていることは、「本校に来てよかった」と皆さんに思ってもらうことです。そういう意味では、本当にうれしい数字です。今年も皆さんと一緒に、素晴らしい学校を作っていきましょう。

さて、今年の春はマスコミで「男気」という言葉が踊りました。いうまでもなく、広島カープの黒田投手に冠せられた言葉です。皆さんも知っていると思いますが、アメリカ大リーグのヤンキースが提示した二十億円というお金を蹴って、古巣の広島カープに四億円で帰ってきたという話題です。でも、女性にもこんな心意気の人はいるでしょうから、「男気」というのは失礼な言い方ですね。敢えていうなら、「人間気」とでも言うべきでしょうか。

皆さんならどうするでしょう。いずれにしても、われわれ庶民からすると、気の遠くなるような別世界の話ではありますが、ちょっと聞いてみましょうか。自分なら二十億円を選択する、という人は挙手してみてください。じゃ、四億円の広島カープを選ぶだろうという人。そうですか。広島カープを選ぶという人が少し多かったような気がします。

この話題は、人間にとって幸せとは何か、ということを私に考えさせてくれました。たくさんのお金があれば、人は幸せになれるのか、という問題ですね。皆さんはなんのために勉強しますか？　お金持ちになるためですか？　それとも偉くなるためですか？　世界一のお金持ちは、果たして世界一の幸せ者なんでしょうか。

ここに、お金と権力を求めた若者の話があります。芥川龍之介の『杜子春』という短編小説です。

杜子春という若者が、洛陽の町に寝る場所もなくひとり佇《たたず》んでいます。そこに通りかかった老人が、「お前は何を考えているのだ」と聞きます。杜子春が事情を話すと、老人は夕日に照らされたお前の影の腹の部分を掘ってみろ、と言います。老人の言うとおりにして黄金を掘り当てて杜子春は、洛陽一の大金持ちになります。すると、彼の周りにはこれまで縁もゆかりもなかった多くの人が、お金目当てに集まってきたのです。毎日盛大な宴会を開いた末に、杜子春は三年間でお金を使い果たします。無一文になった杜子春の元から、人々は蜘蛛《くも》の子を散らすように去っていきます。

杜子春は、また洛陽の町にひとり茫然と佇みます。すると、また老人が現れて、「お前は何を考えているのだ」と言います。そして同じことが繰り返され、三年が過ぎて杜子春は無一文で洛陽の町に立っています。

また、老人が現れて同じことを繰り返そうとします。それを制した杜子春は、「お金持ちになるのはもう懲りたから、今度はあなたのその力が欲しい」と言います。お金にウンザリした杜子春は、今度は権力を求めたのです。

老人は、その力が欲しいなら、「峨眉山上に座って、何があってもひと言も発してはならない」と命じます。杜子春につぎつぎと魑魅魍魎《ちみもうりょう》が襲いかかり、様々に問いかけますが、彼はひと言も発しません。とうとう彼は刺し殺されて、地獄の閻魔《えんま》大王の尋問を受けることになるのですが、それでも杜子春はひと言も発しません。意思の強い男ですね。

ついに、彼の両親が引き出されます。両親は来世で馬になっていました、二頭の馬は杜子春の前でむち打たれます。それでも彼は口を開きません。そのとき、母親の目が彼に語りかけます。「私たちはどうなっても、お前さえ幸せになればいいんだからね」と。その瞬間に、杜子春は思わず、「お母さん」と呼びかけるのです。

そして、彼は夢から覚めます。夢から覚めた杜子春は、どこにいたと思いますか。そう、峨眉山上ではなくて、洛陽にいるのです。つまり、最初から全て夢だったのですね。老人は、「もしお前が最後までひと言も発しなかったら、俺はお前の命を絶ってしまおうと思っていた」と告げます。

この話は、人間にとって幸せとは何かを考えさせてくれます。

皆さんはまだよくわからないかもしれませんが、実は人間というのは、お金持ちになればなるほど、偉くなればなるほど、孤独になり不幸になっていくもののようです。もちろん、例外もあるでしょうが、一般的にはそうです。

かつて世界最強の男と呼ばれたマイク・タイソンというボクサーは、リングで敵に倒されたのではありません。彼の周りにお金目当てに群がる人々に倒されたのです。

世界で最も愛されて、最も傷ついたと言われるイギリスの故ダイアナ妃。先日、息子のウィリアム王子が来日しましたね。誰もが彼女の境遇に憧れ、彼女の美貌を賛美し、世界で最も注目を集めた女性でした。最後はパパラッチと呼ばれるマスコミに追い回され、非業の死を遂げました。そんな人たちは枚挙に暇《いとま》がありません。


皆さんは今、それぞれの志望大学を目指して、勉学に励んでいます。でも、人も羨むようないわゆる「いい大学」に入れば、幸せになれるというわけではありません。いわゆる「いい大学」から、いわゆる「いい会社」に入社すれば、幸せが約束されるわけでもありません。それらは全て手段でしかないのです。

では、何が目標か。私たちは、一度しかない限りある人生を、生まれてよかった、生きてよかった、というために生きているのだと思います。つまり、それは自分の「心の王国」はどこにあるかということ。自分の「心の王国」を探すために、私たちは生きているのだと思います。学校で勉強をするのはそのためだということを、いつも意識してほしいと思います。

何のために学ぶのか

一学期
終業式式辞
平成27年
7月31日

皆さんこんにちは。いよいよ今日で、一学期も終わります。

少し振り返ってみます。六月の萌樹祭は今年も素晴らしいものでした。各学年よかったのですが、私にとっては三年生の健闘が大変印象深く残りました。今だから話せるのですが、今年の三年生は少し遠慮がちな人が多いように感じていました。ですから、いよいよ三年となって、学校のリーダーとして後輩たちを引っ張れるかなと、少し心配していたのです。でも、いざ蓋を開けたらすごかったですね。三年生の皆さんは、じっと満を持していた。最上学年として力を発揮する日のために、力を蓄えていたのですね。本当に素晴らしいリーダーシップでした。

それから、一学期は部活動の活躍もたくさんあって、多くの人をここで表彰しました。最近うれしかったのは、吹奏楽部が金賞を獲ったことでした。昨年は銀賞で悔しい思いをしました。吹奏楽コンクールは、伝統ある私立高校や専門高校がひしめく激戦区です。金賞はたしか六校だったと思いますが、その中に入れたというのは快挙だと思います。

六月末に大分県のある普通科高校の校長先生と教頭先生が、学校訪問に来られました。お帰りになるときに、校長先生がこう言われました。「進学実績ではうちの学校はとても太刀打ちできない。でも、あいさつでは、うちも相当厳しく指導しているので、負けることはないだろうと思って来ました。ところが、ここに来て生徒とすれ違ううちに、これはあいさつでもかなわないなあと思いましたよ」。

私は、「いやいや、そんなことは」と口では言いましたが、内心では、「でしょう。でしょう」と思っていたのです。君たちのせいで、私は段々性格が悪くなってきました。

また、先日は中学生を招いてのオープンスクールがありました。中学生の保護者に説明する場面があったのですが、私もそれぞれの主任の先生たちも、口を開けば君たちの自慢をしているのです。普通、こんなに自分とこの自慢はしませんね。君たちのせいで、先生たちまでこんなに慎みのない人間になってしまいました。

さて、今日は私の愚かな学生時代の話をしたいと思います。

先日芥川賞で話題になった芸人の又吉が、いや又吉がなんて言ったらいけません、又吉先生が、太宰治が好きで、『人間失格』は自分のことだと思って読んだ、みたいな話をしていました。インタビューで太宰のことをたびたび引き合いに出すので、一日に三度も三鷹の方を向いて頭を下げている、と言ってました。三鷹の禅林寺という所に太宰のお墓があるんです。又吉さんの話を聞いていると、この人は話にも思慮分別があって、知識も生半可ではなくて、なるほど芥川賞を取るだけのことはあるなと思いますね。

私が若い頃は、太宰文学のことを「はしかの文学」と言っていました。皆さんにはわかりづらいと思います。今ははしかとは言いませんね。麻疹というんですか？　昔はみんな若いうちに、はしかにかかっていたんです。ですから、誰でも一度はかぶれるという意味で、「はしかの文学」と言ったんです。

私のはしかはちょっと重症ですぐには治らなくて、太宰を一日中読みたいと思って、文学部に行きました。さあ、やっと受験勉強から解放されて、思う存分本を読むぞと思って、大学に行ったのです。ところが、大学というのは入ってみると皆さんもすぐに体験すると思いますが、最初は、「あれ?」って思うんです。「あれ?」こんなはずじゃなかった。こんなところに来るために、あんなに勉強したのかなって。

誰もが何もかもが、そっけないんですね。教授も、都会の同級生も、大学というシステムも。二百人くらいの大きな教室に入れられて授業を受けても、誰に向かって講義をしてるのかな、という感じですね。自分がいてもいなくても同じだという疎外感を感じます。高校時代はあんなに自由にしてほしいと思っていたのに、いざ自由になってみると、どこにも引っかかる物がないという感じですね。で、一番面倒見がいいのはサークルや部活動の勧誘で、勢いで入部してしまう人も多いですね。

私は少林寺拳法部というのに入りました。本当はボクシング部に入りたかったのです。私は今でも一番面白いスポーツはボクシングだと思っていますが、ボクシングは減量がキツイと聞いて少林寺拳法にしました。これが大きな間違いで、入ったその日に後悔しました。そもそも私は、運動には向いてないんです。ですから、練習がきつくて仕方がなかったのです。きつい練習が終わってすぐは、一瞬だけとても爽快な気分になるのですが、しばらくすると、ああ、また明日もあの厳しい練習があるかと思うと、憂鬱になるんです。それで、麻雀に逃避しました。あ、逃避って頭の皮のことじゃないですよ。……(汗)。すみません、変なことを言いました。おじさんは、ときどきこういうことを言ってみたくなるんです。

高校生の皆さんに、こんなことを言っていいのかどうかわかりませんが、麻雀というのは、人類が発明したゲームの中で最高に面白いものだと、私は今でも思っています。気の合った連中と卓を囲んで、たわいもないダジャレを言い合いながら過ごす非生産的な時間は、とても贅《ぜい》沢《たく》な時間でした。今の学生は、麻雀をしないそうですね。まあ、しないほうがいいのでしょうけど、それはそれで少し寂しい気もします。

それから、私は貧乏学生だったので、アルバイトもしなければならなかったのです。少林寺拳法と麻雀とバイトが私の生活でした。一年の時は、講義はあまり出ませんでした。必ず出席を取る講義が、そんなになかったからです。こんなことをするために大学に来たんじゃない、太宰を読むために来たんじゃないか、と思っているのですが、自堕落な生活から抜け出せないのです。夏休みにアルバイトで稼いだお金で初めて買ったものは、筑摩書房の『太宰治全集』でしたが、買っただけで本を開くことはありませんでした。

そんな生活が一年以上続いて、大学二年の夏休みも終わる頃に、ようやく私は一念発起して少林寺拳法部を退部しました。辞めた日に、下宿の連中に私の麻雀パイを渡して、「これはお前たちにやる。俺はこれから麻雀は一切しないから誘わないでくれ」と宣言しました。私は意志の弱い人間なので、そうまでしないと自分の生活を変えられなかったのです。そして、友人と二人で文学部の教授の研究室のドアを叩いて、近代文学の自主ゼミを開いてくださいと、お願いしました。

それから、私の大学での勉強は始まります。随分、出遅れました。文学部の私にとっての勉強は本を読むことです。当時の私は、起きている時間はほとんど本を読んでいました。すると、下宿の友人は、「段はよく勉強するなあ」と感心するのです。私にとって、本を読むことはマンガを読むことと同じですから、それが勉強だとは思えないのです。好きな学問を選ぶと、こんないいことがあるんですね。

それからは自分で言うのもナンですが、本当によく勉強しました。そして、初めて勉強は面白いということを知りました。既に二十歳になっていました。バカですよね。随分おくての学生です。相変わらず授業にはあまり出ませんから、私は人が大学から帰る五時頃に登校する変な学生でした。自主ゼミに出るためです。田舎者の私にとって、大学教授というのは雲の上の存在でした。その教授が私たちのために貴重な時間を割いてくださるんだから、失礼がないようにしっかり勉強して臨まなければと必死でした。

私の先生は、有島武郎の研究では有名な方でした。その頃は、十二世紀イタリアのお坊さんで聖フランチェスコという人が、有島武郎に与えた影響について研究されていました。若かった私は、太宰とか漱石とかメジャーな作家の研究をすることの意義はわかりましたが、そんな誰も知らないお坊さんが有島武郎に与えた影響なんて地味な研究をして、一体何の意味があるんだろうと、内心思っていました。先生の指導を受けるようになって一年以上が経ち、少し緊張せずにお話ができるようになった頃、私は思いきって聞きました。

「先生、聖フランチェスコが有島武郎に与えた影響なんて、そんなことを研究して一体何の役に立つんですか?」

すると、先生はこう言われたのです。

「段君、何の役にも立たないからいいんじゃないですか」

怒るでも、冗談っぽくでもなく、普通の調子で言われました。そのときの私には、その意味がわかりませんでした。でも、先生の言葉を忘れることはありませんでした。ずっと私の胸の奥に残りました。ようやくその言葉の意味がわかりはじめたのは、四十歳を過ぎた頃だったかもしれません。

暑い中で随分と遠回りをしましたね。

やっと話が本題に入ってきました。学問というのは、そのことの中に意味があるのであって、それが何の役に立つとか、そのことによって自分にどんな利益があるとかいうことは、結果に過ぎないような気がします。もちろん役に立つに越したことはないのです。でも、それは目には見えなかったり、長い時間がかかったりします。

皆さんはそういう言い方をするかどうか知りませんが、高校生が使う言葉に主教科と副教科という言い方があるそうですね。センター試験に必要な教科は主教科で、そうでない教科は副教科というんだそうです。

私は精神論はあまり好きではないので、こういう話は滅多にしませんが、これまで多くの受験生と接してきて、そうやって現金に割り切って考えて実行した人は、あまり学力が伸びなかったという印象があります。不思議ですよね。勉強する教科を減らせば成績は伸びそうなものじゃありませんか。でも、なぜか伸びないのです。

私たちはものを食べるときに、これは骨になるから、これは肉になるからと計算して食べるわけではありません。おいしいと思って食べているうちに、体はできていきます。勉強というのもそれに近い気がします。

最近、私たちの指導的立場にある文部科学省が、人文社会科学系や教員養成系の学部を縮小して、もっと「高い付加価値を生み出す」「理系分野」の人材を養成するようにというお触れを大学に出して、話題になりました。そういえば、私が学んだ文学部という看板を出している大学もめっきり少なくなりました。私は、少し情けないことだと思っています。もちろんお国の事情もあって、経済に資する方面が盛んに研究されることは大事だとは思うのですが、文学や芸術や教育や哲学もまた同様に大切にされなければ、人間と同じで国家も貧弱になって、国際社会で尊敬されることはありません。「役に立つ」「役に立たない」ということは、じっくり考えてみる必要がありそうです。

さて、三年生はこの夏休みが勝負でしょうから、あまりゆっくりはできませんね。でも、今年くらい根《こん》を詰めて勉強しなければならない夏は、人生にそう何度もあるものではありませんから、しっかり勉強してください。

一年生と二年生は、まだ少し余裕がありますね。どうかこの夏休みに、少々ムダに思えることにもチャレンジしてみてはどうでしょうか。

では、また始業式に元気な顔でお会いできることを楽しみにしています。

牧水の後輩として

二学期
始業式式辞
平成27年
9月1日

皆さん、こんにちは。いよいよ二学期が始まります。まずは、大きな事故もなく、全員元気でこの場にいられることを喜びたいと思います。

この一週間ぐらい、マスコミ等で九月一日について気になる報道がありました。全国で児童生徒が自ら命を絶つ事件が、一年の中で九月一日が突出して多いという報道です。若いんですから、一つや二つや三つは思い悩むことがあって当然です。ここにこうして、皆さんは明るい顔で座っていますが、中にはつらい思いで座ってる人もいるかもしれません。今日は、皆さんに三つのメッセージを送りたいと思います。

まず一つ目は、「自分ひとりで抱え込まないこと」です。

お父さんお母さんには心配をかけたくないから話せないという人は、友達や担任の先生に話してください。それもできないという人は、副担任や教科担任や部活の先生に話してください。教育相談の先生も、保健の先生もいらっしゃいます。なんなら校長室に来て話してもいいんです。この学校で一番ヒマな人は、校長先生です。私も喜んで話を聞きますよ。

二つ目は、「悩みはいつまでも続かない」ということを知ってほしいと思います。今現在苦しんでいる人は、こんなことが一生続くのかと思うと、絶望的な気持ちになりますよね。でも、そんなことはありません。苦しいのは若いうちだけなんです。必ずいつか暗いトンネルを抜けるんだと思えば、なんとかがんばれますよね。

三つ目は、「学校は命を懸けてまで来るところではない」ということです。

もちろん学校は大切ですが、命を懸けるところではありません。どこかの図書館が、「学校がつらいときは図書館に来て」というメッセージを出していました。私も賛成です。また、いつか学校に来られるようになったら来ればいいのです。

さて、今日はもう一つ皆さんに話があります。先ほど、牧水短歌甲子園優勝の表彰がありました。そのニュースは、宮崎日日新聞の一面にもカラー写真で紹介されました。見出しには、「牧水の母校V」とありました。今年は、牧水生誕百三十年の節目ということで、このニュースを多くの人が喜んでくださいました。

先日、延岡総合文化センターに若山牧水フィールドミュージアムというのが完成して、私もその除幕式に参列しました。そのあいさつで、市議会議長が本校の優勝について触れてくださいました。伊藤一彦先生や同窓会長からもお祝いの電話をいただきました。県教育長からはお祝いのメールをいただきました。牧水の母校だということは、皆さんが思っているよりも大きなことなのです。

今から、百十六年前に若山繁少年は、旧制延岡中学校に第一回生として入学しました。今年、延岡東ロータリークラブの皆さんが、『若山牧水~繁が牧水になった延岡~』という本を作ってくださいましたが、それで言うなら本校は、『繁が牧水になった学校』ということになります。牧水というのは号ですが、これを使うようになったのが延高時代です。「牧」はお母さんの名前から、「水」は故郷坪谷の水の流れから取ったと言われています。時代は百年違いますが、皆さんは「旅と酒の歌人」と呼ばれた牧水と同じ空気を吸っているのです。そのことの意味は小さくないと思います。

ここで、牧水と短歌に親しみを持ってもらうために、先ほどの「牧水短歌甲子園」で優勝した三人が詠んだ歌と、短歌甲子園について少し紹介したいと思います。

短歌甲子園では、短歌の出来以外にプレゼン力とディベート力が問われます。まず歌が一首ずつ紹介され、それをメンバーが解説して、それからお互いの歌について質疑応答のようなことをします。最後に俵万智さんと大口玲子さん、笹公人さんという著名な三人の歌人が、その場で赤白の旗を揚げてジャッジするというルールです。

予選リーグ初戦は、茨城県立下妻第一高校との対戦で、お題は「窓」でした。一番バッターで登場したのは甲斐いづみさんでした。

窓際でトロンボーンを吹く君とこっそり呼吸を合わせた放課後（甲斐いづみ）

放課後の教室にいて、君に思いを馳せながら、君が吹くトロンボーンを聴いているんですね。瑞々しい恋の歌です。二番バッターは、山口茉織さんでした。

赤本を閉じて窓から顔を出す来世は空き地の猫になりたい（山口茉織）

受験勉強に苦しむ身には、気楽そうな猫が羨ましかったんでしょうか。最後は、上妻真緒さんです。

カフェラテを片手に窓辺の席につく趣味はむりやり「人間観察」（上妻真緒）

スタバの光景でしょうか。ちょっぴり背伸びをした女子高生を描きました。
対戦校とお互い三首ずつ詠み合って、進行が「では、判定をどうぞ！」とコールすると、審判が一斉に旗を揚げます。審判同士の打ち合わせはなしです。この戦いは、三対〇で本校の勝利でした。

二回戦は大分県の中津南高校との対戦で、これも三対〇で本校の勝利。全勝で予選リーグを勝ち上がって、二日目の準決勝からはトーナメントになりました。私は、会議のために行けなかったので、ここからは指導してくださった木原先生のメモを参考にします。対戦相手は、宮崎西高校。一日目の試合を見ていて、強敵だと思いました。お題は「投」です。

真っ青な空に両足投げ出して雲に落ちない理由を尋ねた（山口茉織）

素朴な自然への疑問と読んでいいのでしょうか。それとも、落ちたくないという受験生の不安と深読みしていいのでしょうか。こういうところも、短歌の面白さです。

先生が投げた答えを這うように掻き集めている五限目の地理（上妻真緒）

きっと地理の石川先生が答えを撒き散らしたんでしょうね。「這うように掻き集める」というのが、実感がこもってうまい表現ですね。

自転車のカゴに教科書投げ込んだ空はこんなに広かったっけ（甲斐いづみ）

勉強が終わって（または飽きて）、大瀬川の堤防を自転車で走るとこんな爽快な気持ちになるでしょうか。「教科書投げ込んだ」に気持ちが表れていますね。

この試合では、ちょっと思いがけないことが起こりました。進行が、「それでは判定を」と言ったとき、審判から「タイム」がかかったのです。審判も悩んだのでしょう。しばらく時間をおいての判定は、三対〇で本校の勝利。予想外の大差でした。いよいよ決勝です。

決勝戦は、昨年度のディフェンディングチャンピオン福岡女学院高校との対戦となりました。題は自由です。

新作のキャラメル味と目が合えば買わざるを得ない私はかわいい（上妻真緒）

今どきの女子高生を演じているその自分を、客観的に見ている自分がいるんですね。私は与謝野晶子の「その子二十歳櫛に流るる黒髪のおごりの春の美しきかな」という歌を連想しました。

おそろいで君があの子とつけているミッキーマウスに宣戦布告す（甲斐いづみ）

好きな彼や、もしかしたら友達かもしれない彼女を敵に回すわけにはいかないので、あなたに罪はないけど、取りあえずの敵はミッキーあなたよ、みたいな感じでしょうか。面白い歌ですね。

永遠のセブンティーンを望んでた化学を語るあなたに会うまで（山口茉織）

英勝先生が熱く語ったのでしょうか。英勝先生じゃないなら、井黒先生か郡司先生かな。じゃないよね。眼をキラキラさせて化学を語るあなたを知るまでは、私は恋に憧れるだけの十七歳でいられたのに……。でも、あなたに出会ってからは、という思いでしょう。

わかるわかるって、感じじゃないですか。ところが、敵もさる者で、さすが前年度チャンピオンです。向こうにはこんないい歌があったのです。

点と点距離求めよと大問2　BはAのことどう思ってるの

うまい歌ですよね。さあ、そこでいよいよ判定です。結果は既に皆さんも知っているとおり、二対一で本校の勝ちでした。こうして見事優勝したのです。実際に見ていて、私は三人の等身大の歌を作る力と、それから素朴で好感の持てる人柄の勝利だなと思いました。

どうです。短歌って面白いでしょう。九月には牧水忌もあります。牧水の後輩として、これを機会に皆さんに短歌と牧水について、少しでも興味を持ってもらえたらと思います。

主権者であるあなたたちへ

二学期終業式式辞
平成27年12月22日

皆さん、こんにちは。いよいよ今日で二学期も終わります。早いですね。九月の体育大会がずいぶん遠いことのように感じますが、あと十日間で今年も終わります。皆さんにとって、今年一年はどんな年だったでしょうか。

先日、私は二年生と一緒に修学旅行に行きました。二年生の分別ある行動はとても素晴らしく、私は校長として誇らしく思ったのですが、旅行から帰って、私の元に一通の封書が届きました。東京にお住まいの魚住さんという方からのお手紙でした。

まず、「本日は、貴校のすばらしい生徒たちの行動と笑顔に対して、学校長はじめ教師の方々の日頃の教育のお陰であろうと存じ、一筆認めた次第でございます」と書いてありました。文章の感じから、年配の方だろうと思われます。

それは二年生の四名が、羽田発モノレールの車内で席を譲ったお礼の手紙でした。あの日は修学旅行の初日で、お昼に羽田空港に到着してそのまま上野に向かい、そこから各グループに分かれて、本校の先輩の職場を訪問するという「先輩訪問」の日でした。その中で二つのグループだけは、空港から直接向かった方が近いということで、羽田から出発したのです。その直後のモノレールでの出来事です。

初めての東京で、初めてモノレールに乗って、これがあのモノレールという乗り物かという驚きの中で（すみません。そこまで田舎者ではないかもしれませんが）、緊張しますよね。その場面で、この四人は座席を譲ったのです。魚住さんは、こう書いておられます。

「実に明るく、すばらしい生徒たちだと、降車後も友人と話しながら、学校の先生方のありがすばらしいんだろうなあ、と感激した次第です。太陽と緑とすばらしい自然に恵まれた宮崎、その中で受けるすばらしい教育、生徒たち、皆様方のさらなるご発展、ご繁栄を祈りながら一筆認めた次第です。感謝、感激」

君たちのお陰で、先生たちと宮崎県まで褒めてもらいました。善い行いは、みんなを幸せにしますね。ありがとうございました。

さて、今日はもうひとつ、大事なことを皆さんにお話ししなければなりません。もう既に知っていると思いますが、選挙権の年齢が十八歳に引き下げられたという話です。その適用は来年夏の参議院選挙からになります。具体的に言うと、現二年生で七月までに十八歳になる人は、高校三年生で選挙に行くことになります。三年生は十九歳になっていますから、全員選挙権を持つことになります。

皆さんはどうですか。ちょっと、聞いてみましょうか。選挙権が十八歳からになったことについて、うれしい、よかった、と肯定的に感じている人は、ちょっと挙手してみてください。……かなり少ないですね。それでは、私は必ず選挙に行くという人はどうでしょうか。先日の宮崎日日新聞では七割弱の人が行くと答えていましたが、これはかなり多いですね。ほとんどの人が手を挙げてくれました。

でも、こんな数字があります。年代別投票率です。選挙によって少し違いますが、現在の二十代の人たちの投票率はどれくらいだと思いますか。大体三〇パーセント台なんですね。では、最も投票率が高いのは幾つぐらいの人だと思いますか。六十代です。約八〇パーセントです。七十代になると少し下がりますが、それでも、大体七〇パーセントの人が選挙に行きます。

この数字を聞いて、皆さんは何を思いますか。最近のお年寄りは元気だなあと思いますか。お年寄りは仕事もなくて、ヒマなんだろうなあと思いますか。または、お年寄りになっても、政治的関心があって偉いなあ、と思いますか。もちろん、そういうこともあるでしょう。でも、それだけではないような気がします。選挙に行くということが、自分たちの生活に直結しているという面もあるのです。

たとえば、年金を考えてみましょう。日本の年金制度は、現役世代が高齢者の年金を負担するいわゆる賦課方式という制度です。皆さんは、これから年金を負担する側です。何十年も負担し続けるのです。高齢者は年金を受け取る側です。日本には現在、国の借金がおよそ千兆円あります。これを日本人一人あたりで割ると、国民の一人ひとりの肩に八百三十三万円の借金が乗っていることになります。まだ働いてもいない皆さんの肩にも八百三十三万円が乗っています。

ちなみに、平成二十七年度の国の予算は九十六・三兆円で、国の歳入（収入）は五十四兆円でした。簡単にいうと日本という国は、年収五四〇万円の家庭が約千万円を使っているようなものです。じゃ、足りない分はどうするかというと、主に赤字国債というのを発行して国が国民に借金するわけです。そうやって積もり積もった国の借金が千兆円ということです。先日、大騒ぎしたギリシアでも負債は四十二兆でしたから、その額の大きさがわかると思います。もちろん、日本はいろんな意味で経済大国ですから、ギリシアみたいにすぐに倒産ということではありません。その日本で、これからさらに高齢化が進む中で、年金制度をどう維持していくかというのは、国家的な問題です。

さて、そこで考えてください。年金を負担する側の二十代は三割しか選挙に行きませんが、受け取る側の高齢者は七割以上が選挙に行きます。高齢者は、自分たちも年金を長い間負担してきたわけですから、当然、現在の年金制度が維持されることを望みます。たとえ、国の借金が増えても、自分たちも生きていかなければなりません。それは、ずるいことでもなんでもありません。そのとき、政治家はどのような政策を掲げるでしょうか。政治家も理想だけで当選することはできませんから、言うまでもありませんね、当然、たくさんの支持を得られる政策、つまり、票に結びつく政策を掲げるでしょう。

これもまた、年寄りはずるいとか、政治家は汚いという話では全くありません。それが、民主主義なんです。たくさんの支持を得た政治家の政策が実現されるのが、民主主義なんです。人類が長い間血を流して勝ち取った、最も公平で正しいとされる方法なのです。ですから、三割しか投票に行かない世代の望む政策は、三割かまたはそれ以下しか実現されないでしょう。投票に行かずに、日本の政治家や政治の悪口を言っても、何も変わりません。

私は今、少し極端な話をしました。もちろん、すべての政治家が自分の当選のことだけを考えて、政策を打ち出すわけではありませんし、有権者も自分の利益だけを考えて投票するわけではありません。消費税の時がそうでした。消費税の値上げを提案することは、政治家にとっては言い出しにくい政策ですし、国民にとっても有り難い話ではありません。でも、それをしなければ日本の先行きが危ういと判断した政治家は、そういう提案をしますし、また有権者も仕方なく承認する場合もあるのです。もちろん、選挙のことは抜きにして、経済面から消費税に反対する政治家もいます。政治の世界はなかなか簡単ではありません。

今の日本は超高齢化社会になっていますが、突然お年寄りが増えたわけではありません。昨日まで五十歳の人が、今朝目が覚めたら八十歳になっていたわけではありませんね。ずっと前からわかっていたことです。あの壺のようなグラフを見れば、膨らんでいる年齢層がどんどん上にずり上がっていくんだなあということは、誰の目にもあきらかです。でも、そのことに関して的確な対策を打ち出せなかったのは、どうしてでしょうか。

日本の財政赤字が千兆円だと言いました。これも、ある日突然千兆円になったわけではありません。いつかはこうなることは、みんなわかっていたはずです。でも、的確な対応ができないまま、ズルズルとここまで来てしまった。あんなに優秀なお役人や政治家がいながら、どうして的確な対応策がとられてこなかったのでしょうか。

私は、そこに関わる人たちに、切実な当事者意識が足りなかったのではないかと思っています。どこかに自分たちの世代には損害が及ばないこと、という意識はなかったでしょうか。五十歳の人が、五十年後の日本をリアルに想像するということはなかなか困難なことです。「おいおい、俺たちに八百万円も借金を背負わせるのは止めてくれよ」という、若い人の切実な視点がなかったのではないかと思っています。そういう意味でも若い人の政治参加は必要です。

そこで、問題は皆さんの手にも委ねられようとしています。皆さんは、どうしますか。今年、安保関連法案について熱い議論の応酬がありました。皆さんは、安保法制についてどれくらい知っていますか。賛成ですか、反対ですか。それとも、関係ありませんか。

今年、鹿児島県の川内原子力発電所が再稼働しました。皆さんは、原発の再稼働について、どれくらい知っていますか。賛成ですか、反対ですか。それとも関係ありませんか。

消費税引き上げに関連して軽減税率のことが頻繁に報道されました。皆さんは賛成ですか、反対ですか。それとも関係ありませんか。

沖縄の辺野古への米軍基地の移設をどう思いますか。賛成ですか。反対ですか。それとも、遠い沖縄のことだから関係ありませんか。

これらの日本の未来に関する切実な問題の全てが、政治的な問題です。国民の民意を受けた政治家が、政治的決断をして決定されるのです。そして、何年かに一回、私の決断はどうでしたか、と民意を問う機会が選挙なのです。

今回の選挙年齢の引き下げに関して、文部科学省も県や市町村の選挙管理委員会も非常に熱心に、皆さんに主権者教育をしようとしています。若い人が選挙に行かないんじゃないかと、心配しているのです。私は、ある意味で皮肉な光景だと、醒《さ》めた思いで見ています。

皆さんは、現代社会や日本史で学んだことと思いますが、選挙権という権利は、当然のものとして国民に与えられたものではありませんでした。多くの血が流されて、ようやく日本の国民に選挙権が与えられたのは、一九二五年のことです。しかし、それは高額の税金を納めている一部のお金持ちだけに与えられた権利でした。しかも、男性だけです。

女性の参政権のために、平塚雷鳥をはじめ多くの女性が運動をしてきました。女性にも参政権が認められるまでには、一九四五年のポツダム宣言の受諾による日本の敗戦を待たなければなりませんでした。女性が当然のように参政権を認められて、まだ七十年しか経っていないのです。それなのに、その権利を今の二十代の人は三割しか行使していないのです。

先日、テレビの街頭インタビューでマイクを向けられた高校生が、「いまは、受験で忙しいから、政治の詳しいことはわからない」と答えていました。日本の若者の政治への関心が低いことはよく指摘されますが、私は受験勉強と社会問題がよくわからないこととは、何の関係もないと思います。空気を吸うように、食事をするように、政治的な教養も身につけるべき当然のことです。

学校教育の最終的な目標は、よき市民を育成することです。よき市民とは、いろんな事情がある人は別として、普通に働き、普通に納税し、普通に参政権を行使できる人のことです。

どうか皆さんも、日曜日に部活動に行く前に、「お母さん、ちょっと選挙に行ってから部活行くわ」ということが、普通にできる高校生であってほしいと思います。高校を卒業して、日曜日にデートをするときに、「ちょっと投票してからドライブに行かん？」と、自然に言える若者になってほしいと思います。また、そういう人を彼や彼女に選んでほしいと思います。

ごめんなさいね。寒い体育館で、少し長い話をしました。でも、かなり大切なことなのです。三年生にとっては、センター前の勝負の冬ですね。どうぞ体に気をつけて、精いっぱい頑張ってください。それでは、よい年を迎えてください。

言葉は覚悟を表す

三学期
始業式式辞
平成28年
1月8日

いよいよ、二〇一六年が始まりました。二〇一六年はどんな年なのか。大きなイベントは、夏に集中しています。七月には、先日終業式で話した参議院の選挙があります。十八歳になっている人は、ここで初めての選挙を体験することになります。

また、八月にはリオデジャネイロオリンピックが開催されます。きっと、日本中応援で盛り上がることでしょう。そして、次のオリンピックがいよいよ東京です。その頃皆さんは大学生ですね。昨年は、エンブレムやスタジアムなどの問題もありましたが、日本人のことですから最終的には成功して、立派なオリンピックになることでしょう。

同じく八月に、新しく祭日が増えたことを知っていますか？　八月十一日に、「山の日」というのができました。なんだ、夏休み中じゃん。関係ないや、と思ったでしょう。でも、お盆の前後にお休みが増えるのは、働く人たちにとってはありがたいことです。

さて、皆さんは年頭に当たって、何か誓いを立てたでしょうか。

私の好きなおじさんロッカーに、浜田省吾という人がいます。ロッカーって、物入れのことじゃないですよ。ロケン・ロール（ロックン・ロール）の歌手ですよ。その浜田省吾に、若い頃のことを歌った、『遠くへ』という叙情的ないい歌があります。歌詞の一節に、「いつまでたっても石ころじゃないさ」という言葉があるんですね。

若い頃って、本当に石ころだったなあと思います。まだ、何者でもなくて、そこら辺に転がっているんですね、石ころですから。でも、石ころのいいところは、失うものが何もないんです。どうせただの石ころなんですから。

皆さん、どうですか。石ころのクセに失うことを怖がっていませんか。失うものなんか何もないのに、臆病になっていませんか。どうか石ころは石ころらしく、攻めてほしいなあと思います。友達とケンカしたり、失恋したり、挫折したり。若いのに失うことばかりを恐れないでほしいと思います。

さて、今日はちょっと面白い、本校の「石ころ」をひとり紹介します。

昨年の暮れも押し迫った十二月二十七日に、二年三組の黒田将気君が延岡総合文化センターで、役者として初舞台を踏みました。黒田君は、陸上部員です。四百メートルで、県の代表になるような選手です。その黒田君が、社会人の劇団に所属していて、主役として初舞台を踏んだのです。永井愛という人が書いた『ら抜きの殺意』というお芝居でした。

黒田君は社会人に混じって、初舞台とは思えない堂々たるデビューを果たしました。私は、黒田君の熱演に感心するとともに、「言葉と生き方」について、いろんなことを考えました。今日は、その話をします。

『ら抜きの殺意』というお芝居は、ら抜き言葉が日常となっている黒田君演じる伴というサラリーマンと、ら抜き言葉に耐えられない年配の同僚との葛藤のお話です。ら抜き言葉はみなさんも知っていますね。「見られない」と「見れない」、「来られない」と「来れない」のように、本来入るべき「ら」音が脱落した言葉遣いです。

そんな黒田君が演じる男のくちぐせは、「すごい」。何を見ても、「すごい」という形容詞しか使わない伴に彼女が言います。

「ほかにも言い様はあるでしょう。あなたはね、心に感じたことを言葉に置き換えるとき、いっつもそこら辺ので間に合わせちゃうっていうか、単純にしちゃうのよ。だから、本当の心を拾い出せないっていうか、人に伝えることができないっていうか……」

するとも伴も反論します。「そんな心の表現のために、いちいち時間とってられっか?」

再び彼女が言います。「もったいないじゃない。あなたのいろんな心が、拾いそこねられて、置き忘れられて、ありきたりな言葉になって出てきてしまう。……ちょっと注意するだけでいいのよ。言葉にする前に、ほんのちょっとこれは自分の思いにふさわしい言葉かなって」

皆さんは、どうでしょう。少し寒いと、「あー、さみい、さみい」って言いませんか。で、暑くなると「あー、あちい、あちい」って。私が担任をしていた頃の学級日誌には、こんな感想がよくありました。まるで一年には、暑いと寒いの二つの季節しかないかのようです。

同じ冷気を感じるでも、「涼しい」「爽やかだ」「心地よい」「背筋が伸びるようだ」「心が洗われるような寒さだ」。いろんな表現があって、その言葉の分だけ多様な感じ方があるのに、「寒い」と言ってしまうと、それだけで終わってしまいますよね。

ところで、さっきの女性は人には言葉遣いを注意するくせに、自分は「～ていうか」が口癖です。「～ていうか」というのは、自分の尻尾をつかませずに、のらりくらりと逃げる言葉ですね。相手に否定されるのが怖くて、巧みに断言を避けて言葉を数珠つなぎにしていくわけです。否定されるのが怖くてこういう口癖になり、こういう言葉が身についてきた、それが生き方になる。言葉と生き方は密接に連鎖していくのです。

皆さんは、どうでしょうか。たとえば、クラスで話し合いをするときに、「これから、クラス会を開きたいと思います」という人がいますね。本校にはおられませんが、ときどき「学年集会を始めたいと思います」という先生もいます。私は、「え？　いまの思いますは何？」と違和感を覚えます。それから、「昨日の委員会で、〇〇ということになりました」という報告をする人がいます。まるで、その決定に自分は何も関与していなかったかのような言い方です。

私は、喫茶店で、「こちら、チョコレートパフェになります」とか、「こちら、ご注文のペペロンチーノになります」と言われると、「いつなったの？　あなたが持ってくる途中で、魔法を掛けてパフェにしたの？」と、ウエイトレスに心の中で突っ込むことにしています。どうして、「ご注文のパフェです」と言わないのでしょうか。「あなたはとても納得できないかもしれないけど、あなたが注文したパフェという言葉が、こういう形になったんですよ。私を責められても、私のせいじゃありませんからね」と遠回しに言われているかのようです。

先ほどの、「〜ていうか」女性は、次第に言葉はアイデンティティと密接につながっていることに気づいていきます。男言葉と女言葉の区別があるのは、日本語の特殊性であること。日本語には、女性が命令するときの適当な言葉がないこと。そんなことに疑問を感じるようになります。

そして、ついに恋人の伴に対して、「あんた」と呼ぶにいたるのです。初めて彼女に「あんた」と呼ばれて驚く男に対して、「なんて呼べば、自分らしい呼び方なのか、いま、探しているところ」だと言います。悲痛な言葉だと思いました。人称代名詞は、自分を指すにしても、相手を表現するにしても、お互いの立場を規定してしまうからです。

言葉をいい加減に使っていると、いつの間にかそれにふさわしいいい加減な人間になってしまいます。皆さんには、言葉をきちんと選択できる人間になってほしいと思います。イエスとノーをきっぱりと使い分けられること。たとえ嫌われてもそれを覚悟の上で、きちんと自分の考えを言えること。それは、誤魔化さない生き方をするという覚悟を必要とすることです。

「大人」として組織の中で生きること

卒業式式辞
平成28年3月1日

ただいま卒業証書を授与されました二百四十二名の皆さん、卒業おめでとう。皆さんは、二〇一三年四月、二十六の中学校から高い志を持って本校の門をくぐりました。出身中学校からは一人だけという人も九名いました。あれから三年。いま、皆さんの胸に去来するものは、どのような思いでしょうか。

頭角を現すという言葉があります。三年になって、本校のリーダーとしての皆さんの活躍は、まさにその言葉にふさわしいものでした。

何よりも、皆さんが三年間の集大成として全力を注いだのが、六月の萌樹祭でした。実行委員長の安田崇史君を中心に、今年も熱い二日間でした。三年生全クラスがオリジナルの台本による演劇を上演するというのは、あまり他に例がないことです。テーマも戦後七十年にふさわしく、戦争と平和の意味を真正面から見つめたものや、東日本大震災、環境問題、友情、青春など、安直な笑いやテレビの物まねに流れず、自分たちの問題意識と真摯に向きあったものでした。何よりすばらしいと思うのは、六月の蒸し暑い体育館で自由鑑賞であるにもかかわらず、一年から三年までの全員が真剣に舞台を見つめていたことです。三年生は最優秀の栄冠を競い合うライバルとして、また同学年の友として。一年生・二年生は、いずれはあの舞台に自分たちも立つんだという目標として、三年生の晴れ姿を見つめていました。

ときどき、進学のための面接指導を私に頼みに来る人がいます。「三年間で最も印象に残ることはなんですか?」と聞くと、ほとんどの人が、「三年の萌樹祭です」と答えます。「延岡高校の文化祭は、日本一だと言われています」と答えた人がいました。私もそう思います。君たちの萌樹祭は、日本一の文化祭でした。

さて、今年度は選挙権が十八歳からになるというので、少年法の問題も絡んで、「大人になる」ことの意味が、あちこちで取り沙汰された年でした。人が「大人になる」とは、「大人として生きる」とはどういうことでしょうか。これから独り立ちをする皆さんに、最後のはなむけにこの話をしたいと思います。

作家で平和運動家でもあった小田実《まこと》という人がいます。皆さんはきっと知らないでしょうが、ある程度の年齢の人々には懐かしい名前です。戦後まもない頃、日本の若者がまだ内向きだった時代に、いち早く世界に飛び出して、放浪の旅をした記録『何でも見てやろう』という本が、ベストセラーになりました。

小田実という人はまた、組織と個人の関係を見つめつづけた人でもありました。組織に所属する人間が、個人としての尊厳を持って生きるとはどういうことか。この先皆さんは進学をして、また就職をして、否応なくそれぞれの組織に所属することになります。山奥の世捨て人にでもならない限り、組織を離れて生きることはできません。

その組織は、必ずしも皆さんの考え方、生き方と同じ方向性だとは限りません。それどころか、ときには不祥事で世間の批判を浴びることだってあるでしょう。それは、毎日の新聞で見るとおりです。でも、そんなことは多くの場合、そこで働く人たちやその家族には、直接的には何の責任もないことです。また、そんな大きな事件ではなくても、生きて組織に所属する以上、組織と個人との軋轢《あつれき》はいつでもあることです。そもそも、その組織自体が自分の第一希望だったとは限りません。大学だって、仕事だってそうです。そんなとき、どう考えればいいのでしょうか。

そのことについて小田実は、「人間がくらすということは、妥協するということです。そして、肝腎なことは、いつ、どこで、どのようにして、どこまで妥協するかということです」と言います。

人生は、オール・オア・ナッシングではありません。皆さんは純粋ですから、どうしても二者択一に走りたくなります。組織を飛び出したくもなります。ですから、「妥協」という言葉は、若い皆さんには抵抗があるかもしれません。

「妥協」を私の言い方で言い換えれば、「摺《す》り合わせる」または「折り合いをつける」ということになります。この「摺り合わせ方」「折り合いのつけ方」に人生の味があるのです。全否定でもなく、かといって全肯定でもない。粘り強く少しずつ、摺り合わせるのです。これができるのが、「大人」だと私は思います。

そして、少しずつ組織をいい方向に、内部から変えていくのです。このことを小田実は、「巻かれながら巻き返す」という独特の表現をしています。「自分が何であるか、ということよりも、その何かであることによって、自分が今実際に何をしているか」が、大事だと言うのです。

どうか皆さんには、選挙権の行使だけではなく、生き方においても大人になるということを実践してほしいと思います。

卒業生の皆さん。ご両親をはじめ、これまで多くの人たちにお世話になりましたね。「大人になること」について、もう一つ。作家の曾野綾子さんがこんなことを言っています。

「一人前の人間というのは、肉体的年齢が何歳であろうと、与えている人であり、もらうことばかりを要求している人は、どんなに若くとも老人である」と。

皆さんはこれから学生生活をする人がほとんどですから、与えることのできる大人になるには、もう少し時間が必要かもしれません。でも、いつの日か与えられる人になってほしいと思います。

最近の調査によると、宮崎県は若者の県内就職率が全国で一番低いという数字があります。皆さんが生まれ育った宮崎県を愛する気持ちは、よく知っています。進学で宮崎県を離れることは仕方がありませんが、いつの日か人生に少し余裕ができたら、家族や故郷のために、自分に何ができるかということにも思いを馳せてほしいと思います。

それでは、皆さんのこれからの人生が、豊かで実り多いものであることを祈念しまして、式辞といたします。

心という容れ物

三学期
終業式式辞
平成28年
3月22日

早いもので、今日で三学期も終わります。皆さんにとって、この一年はどのようなものだったでしょうか。

一年生の皆さんには、入学式で、「苦しいとき、自分に自信がなくなったとき、自分は未来のチャーチルだと思いなさい」という話をしましたね。覚えていますか。チャーチルという人は、持ち前の頑固さでイギリスをナチスドイツから救った人ですが、そのチャーチルは学生時代はどうしようもない劣等生だと言われていた、という話でした。

もちろん、皆さんは劣等生ではありません。むしろ、ずっと優秀だと言われてきた人たちです。でも、そういう人たちばかりが集まると、その中に埋もれそうになって、自分をつまらない人間だと思ってしまうときがあるかもしれない。そのときは、自分を未来のチャーチルだと思いなさい、という話でした。どうですか？　本校での一年間が終わろうとする今、どんな思いでそこに座っていますか。

二年生の皆さんは、入学式で話したことを覚えていますか？　もう、遠い昔のことですよね。

皆さんには、学びの姿勢について話しました。「わかりません。教えてください。お願いします」、この三つが、学ぶには必要だという話でした。どうですか。日々の学びをこのような姿勢で送っていますか？　「お願いします」と、学問の前に謙虚に頭を垂れる姿勢はありますか？

私にとってはこの一年を語るときに、どうしても避けて通れないことがあります。五月の星雲高校との定期戦での始球式のことです。私が予告した一四〇キロのツーシームの話です。皆さんは、もう忘れているでしょう。まだそんなことを言ってるのかと思わずに、まあ私の話を聞いてください。

試合前のブルペンで、先発の荒木野君の隣で投球練習をしました。荒木野君より球は走っていたと思います。萱野監督から、「校長、先発してください」と言われたらどうしようかと、心配しました。

さて、いよいよマウンドに立ちました。帽子を脱いで、ハンカチ王子のように頭の汗を拭くという小芝居もうまくいって、本校スタンドから自然発生的にわき起こった「段校長！　段校長！」の力強い声援が（すみません。私がお願いしたのでしたね）、球場も割れんばかりに響いていました。

いよいよ投球フォームに入り、私が足を高く跳ね上げたときです。皆さんが、「おお～っ！」

と言ったのです。そんな声援は、私の人生にはなかったことでした。皆さんの「おお〜っ！」という声を聞いて、私は平常心を失ったのです。結果は、今年もワンバウンド。あーあ、という皆さんの落胆の声がグラウンドに虚しく消えていきました。まあ、こんなじいちゃんに誰も期待していなかったことは、よく知っていますけどね。私には悔しい出来事だったのですよ。

さて、ここ何日か、すっかり陽気も春めいてきました。昨年から、私には春の楽しみがひとつ増えました。それは、タケノコを掘ることです。四月下旬から近所の地場産品売り場に行くと、小ぶりのタケノコが並び始めます。宮崎ではコサンチクと言ってますね。これは、エンドウ豆と一緒に煮たりするとうまいので、毎年必ず買っていたのです。ところが昨年の春、うちの近くに知人の竹林があることに気づいたのです。そのとき、あの竹林のタケノコは食えないものかなと、突然思ったのです。もう二十年近く住んでいるのに、初めてそう思ったのです。それで知人の許可をもらって、タケノコ採りにチャレンジしました。

ただ、そこにはもう一つ大きな問題がありました。私はジープなんかに乗って、いかにもアウトドア派みたいな顔をしていますが、実はヘビが怖くて仕方ないのです。ヘビを見つけようものなら、十センチくらい目玉が飛び出します。三メートルくらい飛び上がります。でも、勇気を振り絞って行ったのです。へっぴり腰で、短い竹を手に持って、地面を叩いてヘビを追い払いながら、恐るおそる……。

それからものの一時間もしないうちに、ご近所に配るくらいのタケノコを収穫しました。私の目の前に二十年も前から竹林はあったのに、私はそれに気づきませんでした。これはどういうことでしょうか。

つまり、私にとってそれまで竹林はなかったのです。「ある」というのは、その存在に気づいたということなのです。存在に気づかないものは、あってもないのです。当たり前だけど、そういうことなのです。それから私は、あちこちにある竹林を意識するようになりました。ああ、ここにもおいしそうな竹林がある、と思うようになりました。

秋になると、山芋の蔓《つる》がきれいに色づいて、その蔓にムカゴという山芋の子がなります。これは十年ほど前から意識するようになりました。鮮やかに黄葉する山芋の蔓は、遠目でもすぐにわかります。それから、晩秋の散歩の楽しみがひとつ増えました。ムカゴは茹《ゆ》でてバターで炒《いた》めると、おいしいお酒のつまみになるのです。たわいもないことですが、こうやって私の人生は新しい出会いに彩られていきます。

今までなかったものが、新たに意識されるというのはどういうことでしょうか。それは、心の中に受け入れる準備ができたということだと思います。私たちの心の中には、銘々に真っ白な陶器のような容れ物があると想像してみてください。人は生まれたときに、みんな一つずつ小さな容れ物を心に持たされるのです。この容れ物は、経験を重ね、学問を修め、多くのつらさ悲しさも経験して、少しずつ大きくなっていきます。ここで大きくなるというイメージは、俗に言う「人間が大きい」とは少し違います。

誰かの講演を聴く。本を読む。音楽を聴く。絵画を見る。修学旅行に行って、見知らぬ土地を体験する。それらの感動は、そのとき自分の持っている容れ物の大きさの分しか入らないのです。隣に座っている人と同じ講演を聴いていても、その感じ方は容れ物の大きさによって違うのです。生きていくということは、この心の容れ物を大きくしていくことだと私は思っています。だから、同じ本でも十代で読むのと五十代で読むのでは味わいが違うのは、当然のことなのです。

でも、ここで困ったことが一つ出てきます。大きくなった容れ物には、人生の味わいや喜びだけでなく、悲しみもたくさん入って来ます。さあ、どうしますか。悲しみがたくさん入るのはつらいから、容れ物を大きくするのはやめにしますか？　それぞれの人生観ですが、私なら躊躇《ちゅうちょ》なく大きくする方を選びますね。せっかくの一度きりの人生だから、うれしいことも悲しいことも味わい尽くしたいと、私は思います。

人は苦しむために生まれてきたのではありません。人生を味わい、幸せになるために生まれてきたのだと思います。皆さんが、学校で学ぶのもそのためです。どうか、皆さんの心の容れ物を大きくしてほしいと思います。

人生は複雑系

〜平成二十八年度式辞〜

不同意の覚悟を

入学式式辞
平成28年
4月10日

例年より開花の遅い名残の桜が、春を惜しむように舞い散る今日の佳き日に、ただいま名前を呼ばれました二百四十九名の皆さんの入学を、在校生・教職員一同心から歓迎いたします。

さて、今日はこれから新しく高校生活を始める皆さんに、これまでの勉強と高校で学ぶことの違いについてお話しします。

授業中に先生が、「何か意見はありませんか」とか、「何か質問はありませんか?」と聞きます。そのとき皆さんはどうしますか。「何か意見があるかな?」「質問があるかな?」と自分の心を覗《のぞ》き込んで、「いや特にないな」と、黙ってしまう。そういう反応が大半ではなかったでしょうか。

意見や質問はありませんか、と聞かれてから考えるのでは遅いのです。意見や質問は自然とできるものではありません。作るものなのです。聞かれる前から、「質問しよう」「意見を言おう」と思って準備していなければならないのです。

これは、東京大学教養学部の基礎演習テキストである『知の技法』という本で、船曳建夫さんという人が述べている大変興味深い考え方です。

では、意見を作るにはどうしたらよいか。「第一に心がけることはよく聞いて、同意しないこと」だと言います。

「同意しない」という言葉には、強いインパクトがあります。なぜなら、皆さんはこれまでの学校生活では、先生や友人の発言にタイミングよくうなずき返し、笑うべきところで同時に笑い、自分の存在を集団の中に同化させようという強い同調圧力のもとに、「同意すること」が最善の方法だと、自分に課してきた人が多いと思うからです。それを否定するのではありません。人間関係の中では、それも大事なことでしょう。

ただ、学問の世界では違います。先生の板書をきれいにノートに写しとって、納得していないのに納得したふりをし、わからないのにわかったことにする。宿題のプリントはきれいに仕上げて提出点をもらって、先生から注意されることはなくても、それは皆さんの学力の向上を約束しません。

これまでは先生や親の指示に素直に従っていれば、ある程度の学力は保証されました。でも、高校では違います。中学校までは優秀だと言われた人が、高校に来て失速するのは、こういう理由によることが多いのです。

勉強の質を変えなければなりません。不同意、つまり簡単には同意しないという覚悟が、勉強するときには大切なのです。同意しないということをもっとわかりやすく言えば、「なぜ？どうして？」と、立ち止まる習慣をつけることです。勉強は作業ではありません。「なぜ？どうして？」と脳を回転させて、突き詰めていく過程のことをいうのです。高校に入学するに当たり、まずそのことをしっかりと肝に銘じてほしいと思います。

新しい学びの話

一学期始業式式辞
平成28年4月8日

いよいよ、新学期が始まります。先ほど教室から大きな歓声や、悲鳴のような声が聞こえてきました。新しいクラスと担任が発表されて、今ここには新しいクラスで整列しているんですね。どうですか。不安ですか。周りにいる人を、この人どんな人だろう、なんて思いながらそこに座っているんでしょうか。

昨年も同じことを言いましたが、人生は人と出会う旅ですね。新しい人と出会うためには、これまでの人と一度離れなければいけません。しばらくの間、寂しく去年のことを思い出してしまうのは仕方ありませんが、いつまでも過去にこだわって、去年はよかったなんて、感傷に浸ってばかりではダメですよ。新しい学年になったのだから、一歩踏み出してくださいね。

さて、今日は新学期にふさわしく、新しい学びの話をします。世界的な名門大学と言われている、ケンブリッジ大学の口頭試問の問題です。

「火星人に人間をどう説明しますか?」

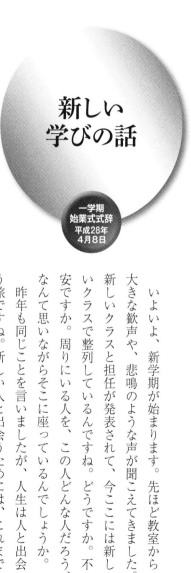

皆さんが、なんと火星人に遭遇したとします。そもそもどうして火星人だとわかったか、というのも疑問ですね。タコみたいな形状だったんでしょうね。または、火星に行った宇宙飛行士でしょうかね。そこで、火星人が、「お前たちはどういう生物だ?」と聞いたんでしょう。そもそも、どうやって意思の疎通ができたんでしょうね。そんなことを考えるとキリがありませんが、まあそこはともかく、説明しなければいけない状況です。どう説明しますか。ちょっと、考えてみてください。これが、かの名門大学の口頭試問です。

こんな問題もあります。オックスフォード大学の口頭試問です。

「カタツムリには意識はあるでしょうか」

どうですか? ありますか? あると思う人は挙手してみてください。……意外に多いですね。この問いの前提として、「意識」とは何か? ということが問題になってきますね。そして、この問題は「AI(人工知能)には意識があるでしょうか」という問いに発展していきます。どうですか、人工知能に意識を持たせることは可能ですか?

先日、人工知能が世界的な囲碁の名人を破ったというニュースが、衝撃を持って伝えられました。すでにチェスも将棋も負けたけど、さすがに囲碁はもう少し先のことだと考えられていたようですね。

AIの進歩によって、「今後十年から二十年程度で、アメリカの総労働人口の約四七パーセントの仕事が自動化されるリスクが高い」と論じた論文があります。すでに、ソフトバンク社のロボットペッパー君は、ホテルの接客業務ができるみたいです。スタンリー・キューブリックが、『二〇〇一年宇宙の旅』という映画で、人間に反逆する人工知能ハル九〇〇〇を描いたのは、一九六八年のことでしたが、もしかしたらそういう時代も遠くないかもしれません。

さらに、この問題の延長上には、当然こういう問いも出てきます。

「ロボットは、どんどん〈進化〉しており、いろいろな仕事を人間に代わって、しかも人間よりも上手に行ってくれるようになりました。しかし、ロボットの能力がどんなに向上しても、人間の仕事として残る可能性が高い仕事もありそうです。このような仕事を一つ挙げ、それを選んだ理由を二百字以内で書いてください」

面白いですね。ロボット工学という科学の最先端のことを考えているうちに、人間とは何かという極めて哲学的な問題につながっていきました。これは、東京大学の帰国子女への試験問題です。

次は、早稲田大学の創造理工学部建築学科の問題です。

「あなたがいままで見たことがないほど大喜びしている人々の顔を、表情豊かに描きなさい。また、それらの人々が大喜びしている場所の空間がわかるような背景を、工夫して入れなさい」

描く技術はないにしても、想像することはできます。どんな表情ですか。また、それはどんな場所ですか？　たとえば、年末ジャンボ宝くじが当たった人。結婚式で初めての共同作業だと囃《はや》し立てられて、ケーキに入刀している新郎新婦。あれ、新郎はそんなにうれしそうじゃありませんね。うーん、私の想像力はどうも陳腐ですね。

これらの問題に共通しているのは、たんなる思いつきでは終わらない、学習を通じた創造的思考力が求められているということです。もちろん、いきなりこういう口頭試問があるわけではなく、ある程度基礎学力の試験を受けた後にあるのが、このような問題です。

これまでの大学入試問題は、多くの場合、知識を問われるものでした。数学なら計算した結果の2とか3とかの答え。英語なら英単語、英作文。歴史なら年代。でも、それで終わらないのが、これからの新しい学力です。よく指摘されていたことですが、従来の日本の試験問題では、ジョン・ロックとかカントとかの知識が解答で、それを答えれば点数がもらえていますが、欧米では、「ジョン・ロックの哲学は、人をどういう生き方に導きますか？」ということになります。哲学を学ぶことの大きな意味はそこにあるのであって、哲学者の名前を覚えるだけでは、知識が増えるばかりであまり意味はありません。

いま私が話した問題は、石川一郎さんという方が書かれた『二〇二〇年の大学入試問題』（講談社現代新書）という本に紹介されているのですが、二〇二〇年に向けて、大学入試が少しずつ変わってきていることは、皆さんも聞いていると思います。その向かうところが、これらの問題に答える学力です。

たとえば、こんな問題があります。これも、東京大学に外国から入学する帰国子女のための入試問題です。

「もし地球が東から西に自転したとしたら、世界は現状とどのように異なっていたと考えられるか。いくつかの視点から考察せよ」

すごい問題ですね。こんな問題を考えついた人は、よほど頭の柔らかい人ですね。この問題を考えるのに、必要な教科はなんでしょうか。地理でしょうか。生物、物理、地学、文学、哲学、文化人類学……。なんだか、すべての知識と思考が総動員されそうです。

そして、私がいま紹介したすべての問題に共通するのは、そのように考える「あなたはだれですか?」ということなのです。あなたは誰で、これから世界とどのように関わろうとしている人ですか? ということなのです。

よく皆さんの小論文を読むと、「世界が平和になることを私は望む」みたいな、お前は一体何者やねん、みたいなことを書く人がいます。神様か、みたいな。そうではなくて、あなたはそのために何ができますか。どのように世界と関わろうとしていますか。ということを抜きにしては、語れないということです。そういう学力が、これから求められている学力ですよ。ということを理解してほしいと思います。

皆さん、毎日の勉強は面白いですか。先生や親に強制されて、イヤイヤやってはいませんか。皆さんがイヤイヤやっている限り、本当の意味の学力はつきません。大学受験のため、センター試験のためなんて、目先の狭い考えだけではダメな時代が来ていることに気づいてほしいと思います。

なんでだろう、わからん。でも、なんか面白そうだ。友達に、先生に聞いてみよう、という気にならなければ本当の学力はつきませんね。でも、ゆくゆくはいま私が紹介したような問いに向かって勉強しているんだと思えば、少し学問に興味が湧いてきませんか。

皆さんに学ぶ喜びを味わってもらえるように、私たち先生もより一層の授業改善の努力をします。また、皆さんが自主的に学ぼうとする意欲を持てるように、朝課外・長期休業中の課外、宿題のあり方の検討や、施設的には自習室の増設やエアコンの設置などをしていく予定です。

そうして、本校が学ぶ喜びにあふれる学校になることが、私の願いです。私たちも努力します。みんなでそういう学校にしていきましょう。

「あそび」の効用

一学期
終業式式辞
平成28年
7月29日

今日でいよいよ一学期も終わります。皆さんにとって、この一学期はどんな毎日だったでしょうか。

一年生は、もうすっかり延高の一員になりました。高校デビューは無事に果たしましたか。高校三年間でいつが最も大事か、と聞かれたら、私は一年の一学期だと答えます。いつまでも中学校を引き摺っている人はいませんか。勉強の質と量は、高校生らしいものに変わってきましたか。まだそうなっていない人は、夏休みが最後のチャンスですよ。

二年生は、部活動ではもうすっかり本校のリーダーですね。先日の萌樹祭のオープニングに、私の妻と知人が恒例の私のダンスを見るために来ていました。そのとき、二年生の横の観客席にいたらしいのですが、皆さんの様子がとても微笑ましかったと褒めていました。司会が「盛り上がっていますか～」と、学年毎に呼びかけましたね。皆さんは、三年生よりは目立たないように配慮しながら遠慮しながら、それでも精いっぱい盛り上がっているということを全身で表現していたんだそうです。そのけなげな姿が微笑ましかったというのです。

三年生の一学期の活躍は見事でしたね。三年生になった最初の学年集会で、君たちは変わったのだと思います。私はその瞬間を目撃しました。はたして、野球定期戦の応援も萌樹祭も、立派に三年生としての姿を見せてくれました。よく頑張ったと思います。心から拍手を送りたいと思います。

その三年生にひとつお願いがあります。この夏休みに、勉強で自分自身を変える大きなチャレンジをしてほしいと思います。これまで精いっぱいやってきた、もうこれ以上はがんばれないという人がいますか。この夏、もう一歩踏み込んで自分の限界に挑戦してほしいと思います。

さて、堅い話はこれくらいにして、今日はせっかく夏休みを前にしていますから、君たちに映画の話をしたいと思っています。

皆さんは、映画は好きですか。映画には、文学・音楽・美術・演劇・科学など人類の叡智《えいち》が詰まっています。そういう意味で特別のジャンルだと思います。私は皆さんの人生のなかに、映画館に行って映画を観るという楽しみを組み込んでほしいと思っています。私はだいたいひと月かふた月に一度くらいのペースで、映画を観に行きます。宮崎のイオンにある映画館はイスも大きくてとても快適で、私はそこでキャラメルコーンとコーラのＬセットをイスの両端に立てて観るのが楽しみのひとつです。

私の高校時代には、ビデオとかＤＶＤはありません。テレビでは『月曜ロードショー』という番組があって、たまに観ていたのですが、アメリカの映画ってやたらラブシーンが多いんです。家族で観ていてラブシーンが出てきたりすると、気まずいったらないんですね。「どら、勉強しよ」とか言ってコタツから出て行くしかないんですね。

そんな高校二年生のある土曜日、私は男友達と二人で映画館に行きました。当時は、土曜の夜はオールナイト上映といって、一晩中何本も上映していたのです。徹夜で映画を観るなんて初めての経験です。ここだけの話ですが、その中にはちょっとエッチな映画も入っていました。私は夜食にカッパえびせんを、友人はなぜかバナナを一房持ってきました。

その映画が始まったのは、夜中の二時くらいでした。アメリカの精神病院を舞台にした映画でした。なんだろう、なんか暴力的な映画だなと思って観ていたのですが、そのうち内容に引き込まれて、気がつくとエンドロールが流れていました。

感動のあまり、ふたりでため息をついて、「出ようか」どちらからともなく言いました。肌寒い夜明けの公園で、ベンチに座ってバナナを食べながら、田舎の高校生は放心していました。「映画って、すごいな」「うん、すごいな」。たしか、そんな会話をしたと思います。

その映画のタイトルは、『カッコーの巣の上で』と言います。ミロス・フォアマン監督でジャック・ニコルスンが主演して、その年のアカデミー作品賞を獲得した大変有名な作品でした。

もちろん、田舎の高校生はそんなことは知りません。それが、映画との出会いでした。不純な動機でも、出会いというのはあるものですね。

それから、いわゆるアメリカンニューシネマと呼ばれる印象的な作品をたくさん観ました。『俺たちに明日はない』『明日に向かって撃て』『イージーライダー』『真夜中のカウボーイ』『卒業』『いちご白書』……。若いときに観た映画の感動は忘れません。

私には、ひとつ自慢があります。それは、宮崎駿監督の『魔女の宅急便』から後の作品は、全て映画館で観たというつまらないものです。もちろん、それ以前の『ルパン三世カリオストロの城』『風の谷のナウシカ』『天空の城ラピュタ』『となりのトトロ』は、ＤＶＤで何度も観ていますけど。

『魔女の宅急便』以降の作品は、『紅の豚』『もののけ姫』『千と千尋の神隠し』『ハウルの動く城』『崖の上のポニョ』『風立ちぬ』ですね。宮崎アニメは、映画館の大スクリーンでないと、その美しさは伝わりません。『風立ちぬ』は、あの壮大で繊細な雲の表情と降る雪の美しさを観たくて、二度も映画館に行ったぐらいです。

皆さん、宮崎駿のベストワンを挙げろと言われたら、何にしますか。映画の喜びは、観た後にこうやっていろいろ話すことにもありますね。ちょっと聞いていいですか。……そうですか。

やはり、『千尋』が一番多かったですね。

私の一位は、迷った末に『ラピュタ』ですね。あのなんとも言えないもの哀しさが好きです。それから、ロボット兵が切ないですね。あの映画を観ると、空のどこかにいまでもラピュタ王国が浮かんでいるような気がします。二番目が『トトロ』。そして、『風立ちぬ』でしょうか。

意外な事実ですが、宮崎駿監督作品が爆発的にヒットしだしたのは、『魔女の宅急便』からです。『千と千尋の神隠し』は、二三五〇万人が映画館で観ました。日本人の五人に一人は観たことになります。そんなにヒットしたのに、テレビで放映されると、もう何回も再放送されたのに、未だに一〇パーセント以上の視聴率を稼ぎますね。

きっと皆さんが一番知っているのは、『千と千尋の神隠し』だと思います。今日は、この映画を使って宮崎駿という人の奥深さを考えてみたいと思います。

宮崎駿は、ディズニー映画が大嫌いだと広言しています。ディズニー映画は、入り口と出口が同じ高さだからだといいます。千尋の登場場面を思い出してください。転校して引っ越すのがイヤで、お父さんの運転する車の後部座席でブータレていますね。終わりはどうですか。様々な困難の末に、豚になったお父さんとお母さんを助けて、立派に独り立ちしています。入り口と出口の高さが違いますね。これが宮崎アニメの特徴です。

ハクという竜神の少年が登場します。コハク川の竜神で、本当はニギハヤミコハクヌシと言います。コハク川の主だからハクですが、同時に白竜のハクでもあります。苦団子を飲まされて、自分を操っていた黒い虫を吐き出す場面があります。ここでは、吐くのハクですね。

カオナシという不思議で魅力的なオバケが出てきます。あらゆる物を食べ尽くして、巨大化した挙げ句に全部吐き出します。オクサレ様という汚染された川の神様が出てきます。オクサレ様は自転車が引っかかっていて、それを千尋が引っこ抜いてやると、そこから壮大に吐きまくります。そして出てきたのが苦団子でした。

こう見てくると、『千と千尋の神隠し』という映画の隠されたテーマは、「吐く」だともいえます。もちろん、これは私が発見したわけではありません。こういうことを研究している人がいるのです。

この映画には、湯婆婆と銭婆という黒柳徹子さんみたいな髪型のお婆さんが出てきます。釜爺というお爺さんが出てきます。『ラピュタ』では、ドーラという海賊の豪快なお婆さんが出てきます。『トトロ』では、メイちゃ〜んと叫ぶお婆さんが出てきます。宮崎駿の作品には、元気な老人がたくさん出てきます。それに引き替え、お母さんはほとんど出てきません。『トトロ』ではお母さんは入院していました。記憶に残るようなお母さんが登場しないことも、宮崎アニメの特徴だと言われています。なぜ、そんな設定にしたのでしょうね。

また、この映画では千尋がトンネルをくぐって、テーマパークの廃墟から神々の住む異界に入っていきます。『トトロ』では、メイちゃんはマックロクロスケの後を追って、草むらのトンネルをくぐって木の洞で眠るトトロを見つけます。『ラピュタ』では、パズーとシータは暗い坑道のトンネルを通って逃げて行きます。なぜ、みんなトンネルのような所を通るんでしょうか。宮崎アニメには不思議なことがたくさんあります。でも、偶然ではありません。宮崎駿はかなりの勉強家で、綿密に計算しています。それを熱心に研究している人もたくさんいます。

残念ながら、『風立ちぬ』を最後に宮崎駿は引退を表明しました。実は彼が引退表明をするのは二度目です。『もののけ姫』を発表した後にも、引退を表明したことがあります。『風立ちぬ』に登場するカプローニ伯爵という人が、「創造的人生の持ち時間は十年だ」と堀越二郎に言います。このセリフが二回出てきます。人が本当の意味で創造的でいられるのは十年間だ、という意味でしょう。私はそれを聞いて、「ああ、宮崎駿は苦しかったんだろうなあ」と思いました。

宮崎駿が爆発的に売れ出したのは、『魔女の宅急便』からですが、実は皮肉なことに、彼の物語作家としてのピークは、その前作の『となりのトトロ』までだったような気がします。そこで彼の「創造的人生の持ち時間」は、終わってしまったのです。でも周りは、あれだけの観客動員をしたんだから次はどんな作品を作ってくれるんだろう、と期待します。『紅の豚』は、マニアックな人には面白いでしょうが、私には退屈でした。『もののけ姫』は大ヒットしましたが、完全にストーリーが崩壊しているように見えました。すみません。敬愛する宮崎駿に対して、勝手な私の想像でものを言っていますね。

偉大なアニメーターに失礼かもしれませんが、苦しかったんだろうなあ、と思います。だから、彼は引退を表明したのです。でも、宮崎駿はダメだと言いたいのではありません。私は映画館に出かけて行って、彼のアニメーターとしての世界を見られればそれだけで十分です。映画はあまり面白くはなかったけど、『ハウル』の冒頭シーンを見られただけで、十分だと思っています。宮崎駿と同時代に生きられて、リアルタイムで新作を映画館で見られたことを幸せなことだと思っています。

熱い体育館で、つい熱く語りました。自転車や車のブレーキには、少しスカスカしてすぐには利かないところがありますね。これを何というか知っていますか。「あそび」といいますね。誰が付けたか知りませんが、なんと素晴らしい命名ではありませんか。ブレーキに「あそび」がなかったら、急に利きすぎて転んでしまいます。でも、反対に「あそび」ばかりだと大変なことになります。人間も同じですね。どうか、適度に「あそび」のある人間になってほしいと思います。

それでは、今年の夏に皆さんがしっかりと勉強して、かつ遊んで、九月に一回りも二回りも大きくなって出会えることを楽しみにしています。

人生は複雑系

二学期
始業式式辞
平成28年
9月1日

皆さん、こんにちは。いよいよ二学期が始まります。皆さんにとって、この一カ月間はどのような日々だったでしょうか。オリンピックの日本選手の活躍で、スポーツの素晴らしさを今更ながらのように感じた人も多いのではないでしょうか。

私は夏休みの間、一カ月間ボーッとしていたら、アゴに髪の毛が生えてきました。これは誰がなんと言おうと、髪の毛なんです。私にもこんなに髪の毛があるということを皆さんに見せたいので、もう少しこのままにしておきたいと思っています。それから頭に移植する予定です。

ときどき私が皆さんに話したことを、うちに帰って話題にしてくれる人がいるんですね。先日、三年生の保護者との懇談会で、あるお母さんから「我が家では、一年生のころ校長先生が話されたことが、まだ話題になります」と言われました。

それは、見通しのいい横断歩道で、信号は赤だけど右を見ても左を見ても全く車が見えないとき、皆さんはどうしますか？　待ちますか、渡りますか、という話でした。

皆さんならどうですか？　待つという人が圧倒的に多いですね。私は、本校の校長を辞めたら渡ります。校長をしている間は、「延高の校長が信号無視をしたげなよ」と皆さんに迷惑がかかりますからね。

今日は少し、そんな話をしたいと思います。

ウソをつくことはいいことか、悪いことか。どちらかと聞かれれば悪いと答えますね。では、皆さんが医療関係の仕事に就いたとして、余命の長くない患者さんに「先生、私の命は長くないんでしょう？」と聞かれたらどうしますか。「はい」と言えますか。「はい」と答えることが、職業人としていつも正しい答えでしょうか。

皆さんが悩んでいる友達から、「周りの人が私の悪口を言ってるんじゃない？」と相談されたらどうですか。それが事実だったとして、「うん、そうだよ」と答えますか。「そんなことないよ」と言いますか？　でも、ウソはいけないんですよね。

泥棒は悪い行為です。皆さんが山で遭難して三日も食べていない。無人の山小屋を見つけてそこに食料があった。食べなければ餓死してしまう。どうしますか？　または、皆さんに子どもが出来て、難病の子どもの治療費がどうしても工面できなくて、最後の手段として盗みをしなければならない事態に陥ったとき、それでも盗みは悪いことなのでしょうか。

人生は一筋縄ではいきませんね。

コールバーグという人がいます。このひとは人間の道徳性を六つの段階に分けました。

一段階は、親や先生に叱られるから、規則に従うというもの。幼稚園・小学生レベルですね。

二段階は、ご褒美がもらえるから、いいことをすると何か恩恵があるから、という段階。成績が上がるとお小遣いがもらえるから、先生にほめられるから、という理由で勉強する人はこのレベルです。

三段階は、周りから嫌われたくない。非難されたくないからという段階。

四段階は、社会のために法や秩序は守らなければならないからという段階。少し、大人に近づいてきました。

五段階は、社会的に公平であるか。個人の権利を侵害していないか。ということが行動の基準になるという段階です。自分に直接的に利害がなくても、他人の人権が侵害されていないかということを問題とする段階です。さらに、大人に近づいてきました。

そして、最後の第六段階を、コールバーグはどう考えたか。それは、人間の良心を最終的な判断の基準とする。人間の尊厳の尊重が最終的な判断の基準となる、という考え方です。

これを読んで私は、「東洋のシンドラー」と呼ばれる杉原千畝という人のことを思い出しました。皆さんも聞いたことがあると思います。リトアニアという国の領事館にいて、ナチスドイツの迫害からユダヤ人を救うために、本国からの命令に背いて本来はビザを発給できない人にまでビザを許可して、六千人の命を救いました。これは第六段階です。いえ、そんな大きな話ではなくても、最良の道徳として結果的には、法を犯したり、ウソをついたりすることが許されることもある、という話です。

人生は複雑系ですね。

皆さんは、三島由紀夫という小説家のことを聞いたことがありますか。大変才能にあふれた人で、あと十年生きていたらノーベル文学賞をとったのでは、とも言われています。この人は、日本の小説家の中では最も衝撃的な死に方をした人でもあります。一九七〇年に自衛隊の市ヶ谷駐屯地に突入して自衛隊員にクーデターを呼びかけて、割腹自殺をしました

その三島の作品に『不道徳教育講座』というエッセイがあって、その中に「告白するなかれ」という一節があります。

たとえば皆さんに一生の友情を誓った親友がいて、皆さんのことをとても評価して信頼してくれているとします。または、これから生涯をともにしたくなるような異性と出会って、「あなたのような素敵な女性に出会ったのは初めてです。結婚してください」なんていうことがあ

るとします。でも、自分のことは自分が一番知っていますから、いや私は決してあなたが思っているようなそんな立派な人間ではない、と言いたくなるときが誰でもありますよね。そんなとき、皆さんはどうしますか。ついつい、否定したくなりますね。

三島由紀夫は、まず次のようなニーチェの言葉を引用します。

「一切合切自分のことをさらけ出す人は他の怒りを買うものだ。さほどに裸体は慎むべきものだ。そうだ、君らが神々であって初めて君らは君らの衣服を恥じてよかろう」

その上で、こう解説します。「我々は神様じゃないのだから自分の衣服を恥じる資格なんかないとニーチェは言っているのです。自分の真実の姿を告白して、それによって真実の姿を認めてもらい、あわよくば真実の姿のままで愛してもらおうなどと考えるのは、甘い考えで、人生をなめてかかった考えです」と。

なんと味わい深い言葉でしょうか。私は学生時代にこの文章を読んで、とても楽になったのを覚えています。私は神様ではないのだから、自分が欠点だらけの人間であることは当たり前で、そのことを必要以上に恥じる必要なんかない。逆にもし、他人が自分のことをいいように誤解してくれたとしても、いちいちその誤解を解く必要もない。そういう誤解の上に、私たちの人生は成り立っている。つまり、本当のことを告白することがいつも正しいわけではないと、三島は言うのです。皆さんもつらいときには、是非この言葉をつぶやいてみてください。私は神様じゃないのだから、欠点があるのは当たり前じゃないかって。

余談ですが、かくいう三島も一つだけ告白文学を書きました。そのタイトルは、『仮面の告白』といいます。屈折してますね。


人生は複雑系です。

私は人生において恥じることは一点もない、という人がいます。私はこれまでウソをついたことがないという人もいます。そんな人に出会うと、なるだけお近づきにはなりたくないなあ、と私は思って、そっと距離を置くことにしています。

皆さんは、今日の話を聞いて、何を考えましたか。何が正しいか、ということ一つをとってもこんなに考え方があります。ウソをつくことが悪いことばかりでもありません。学べば学ぶほど、人生を経験すればするほど、物事が単純にはいかないということがわかります。

昨年の今日も言いましたが、九月一日は一年で最も若者が自殺する日なのだそうです。皆さんの中にも、きっといろんなことで苦しんでいる人がいるのだろうと思います。夏休みの間中悩みを抱え込んで、解決しないままにここに座っている人もいると思います。そんな人に考えてほしいのです。

人生の答えは一つではありません。ウソは必ずしも悪いことではありません。真正面から突破するだけでなく、迂《う》回《かい》路《ろ》もときには必要です。休むことも悪ではありません。人生は複雑系です。どうか、そのことを忘れないでください。なぜ、勉強するのか。受験のためだけでなく、そんな人生の迂回路について考えるために学んでいるのかもしれません。

名前の話

二学期
終業式式辞
平成28年
12月22日

皆さんこんにちは。早いもので、もう一年が終わります。今年の十二月は暖かいですね。皆さんにとって、この一年はどうでしたか。

先日、二年生が修学旅行に出かけてきました。そのとき、添乗していただいた看護師さんから保健室の那須先生宛てにこんな手紙が届きました。今日は、まず、その手紙の紹介から始めたいと思います。

「修学旅行中はお世話になりました。

その後、生徒の皆さんの体調はいかがでしょうか？　先生たちもお疲れになったことと思います。旅行中、ハプニングもノロウイルスもなくてホッとしています。

仕事柄いろいろな学校さんを見ていますが、延岡高校さんは、先生も生徒さんもとてもいい方たちでいい雰囲気だったので、病人が少なかったんだなあと思います。やはり、先生たちの雰囲気は重要です。あ！これは大丈夫、とすぐにわかります。

帰りのゲートを通る際、一人ひとりの生徒さんが『ありがとうございました』と言って下さいました。私はすごく感動しました。先生の教育と生徒さんの素直な気持ちがうれしかったです。

二〇一六年、思い出に残る添乗のNo.1です。いつか延岡に行ってみたいなあと思いました、是非東京にいらした際にはいつでもお声を掛けて下さい」

昨年のこの場でも、今の三年生が修学旅行中に、東京の電車の中で席を譲ったというので、感動した男性からの手紙を紹介しました。犬も歩けば棒に当たる、といいますが、本校生が修学旅行に行くと、必ずいい手紙が来ますね。いい行いは多くの人を巻き込んで、いい気持ちにさせてくれます。校長として、大変うれしいお手紙でした。


さて、今日は、「名前」ということについて、少しお話ししたいと思います。

どうしてそんな話をしようと思ったかというと、もちろん『君の名は。』という映画に触発されたのです。延岡でも上映されましたね。三年生はそれどころではないでしょうから入試が終わってDVDで観るとして、一・二年生で観た人はいますか？　結構たくさんいますね。皆さんは、どんなことを感じましたか。

私は、封切りされた早い時期に観ましたが、映画館はすでに満員でした。観た後にいろんなことを考えました。この映画は、三年間の時間軸がずれた男女の入れ替わりという設定も複雑で、その上にたくさんの伏線や謎めいた表現があって、なかなか一回では理解できないところがあります。二回三回と観るリピーターも多いのだそうですね。

私がまず思ったのは、あの東日本大震災から五年の歳月が流れて、こういう作品に昇華されたんだなということ。監督の新海誠さんが、どれほど意識していたかはわかりません。でも、彗星《すいせい》が落下する自然災害で、ひとつの村がなくなってしまうという設定は、あきらかにあの大惨事を踏まえていると思いました。

主人公の三葉の友人の女の子が学校の放送室を占拠して、町の人に緊急避難を呼びかける場面がありました。私は、南三陸町で「高台に避難してください」と、津波が来る直前まで放送し続けて亡くなられた遠藤未希さんのことを思い出しました。

次に私が心に残った場面は、なかなか避難しようとしない村人を説得してもらおうと、三葉が町長を務める父の元に急ぐ場面です。隕石が落ちてきたのがちょうど村祭りの日で浴衣を着ていた三葉は、石段でつまずいて転んでしまいます。そのときに、瀧という思いを寄せていた少年の名前が、記憶から薄れていくのです。さっきまで確かに存在していた彼の名を忘れてしまうことに、三葉は動揺します。なんとか名前を思い出そうとして、手のひらに書いてもらったはずの名前を確認しようと見ると、そこには瀧の名前ではなく、「すきだ」と書かれていたのです。

三葉は、瀧との記憶がなくなってしまうことを恐れるのではなく、瀧という名前を忘れてしまうことを恐れます。「これじゃあ、名前がわからないよ」と、泣きながらも自分を奮い立たせて父の元に急ぐのです。見ている私の方からすると、「こんな緊急時に彼の名前なんかどうでもいいがね、はよ急がんね」と言いたくなりました。

普通に考えると、瀧という少年との思い出を忘れなければいいのであって、名前なんかどうでもいいんじゃないかと思うのですが、三葉にとっては、瀧という好きな少年の名前を忘れることイコール、瀧との記憶を無くすことなんですね。

この映画のラストシーンで、二人は東京で再会します。そのときに、どちらからともなく二人は、「君の名前は?」と聞くのです。タイトルがそうだから、といってしまえばそれまでですが、なぜ、あそこで名前をまず確認したのでしょうか。

名前って、なんでしょうか。監督の新海誠という人は、これまでの作品を調べてみると、言葉にとても敏感な人のようです。そこには、名前に対する彼の深い思い入れがあるように思いました。

たとえば、皆さんが毎日通る通学路にとてもきれいな花が咲いている。きれいだなあと思うと、その花の名前を知りたくなりますね。好きだとか愛するという感情は、名前を知りたいという感情とイコールなのだと思います。逆に言うと、名前を知りたいと思わないということは、愛情がないということなのだと思います。

人類の歴史は、名付けることだと言った人がいます。

皆さんは、毎朝ある人と出会うと、胸がドキドキするということがありますか。走ったわけではないのに、胸がドキドキする。夜、一人で勉強をしていると、その人のことを思い出して勉強が手につかない。そんなことは、人生で初めてです。この訳のわからない、説明しがたい気持ちは何なんだろうと思って友達に相談すると、友達が言います。「それが、恋というもんやがね」。そうか、この感情を恋というのか。いわく言い難い感情が「恋」と命名されたことで、納得がいきます。心のホルダーに収まるファイル名がつきます。

恋はわかったとして、じゃこの胸がキュンとなる感情はなんだろう。すると友達がまた教えてくれます。「それを切ないと言うっちゃが」。そうか、これが切ないということなのか。そうやって、目に見えない抽象的な感情にも名前をつけることによって、人は思いを共有できるし、進化してきたのです。

古典の時間で勉強したと思いますが、昔の日本人は、人の名前を直接呼ぶことを意識して避けてきました。とくに、目上の人に対してはそうです。ですから、藤原道長を関白殿と地位で呼んだり、藤原頼道を宇治殿と住んでいる地名で呼んだりしました。それは言霊信仰と結びついていて、人の名前には霊的な人格が宿っているので、名前を呼ぶことは相手の人格を支配することにつながると考えたらしいのですね。その名残なのか、今でも日本人は、名前では呼ばずに社長とか主任とか役職で呼びますね。男の子に呼びかけるときでさえ、「僕、年は幾つかな?」などと言って、直接名前では呼びません。

一学期の終業式で話した『千と千尋の神隠し』でも、千尋が名前を奪われて、「せん」と呼ばれる場面がありました。それも名前と支配関係に由来するんじゃないでしょうか。


さて、そこで皆さんの名前です。ここからようやく本題に入ります。

私は国語の教員でしたが、皆さんの名前を読めと言われたら、どうでしょうか、半分くらいは読めるでしょうか。国語の教員が半分くらいしか読めないとは、どういうことでしょうか。きっとお父さんお母さんは、皆さんがこの世界で唯一無二の存在になってほしいという願いを込めて、国語の先生でも簡単には読めない名前を苦労してつけられたのだと思います。その意味では、皆さんの名前には、お父さんお母さんの溢れんばかりの愛が込められています。

若者の音楽を革命的に変えたと言われる、ビートルズというグループを聞いたことがあるでしょう。音楽だけではなく、ファッションも生き方もすべて個性的でした。曲のほとんどすべてを、ジョン・レノンとポール・マッカートニーが書きました。

その飛び切り個性的な二人の名前の、ジョンはラテン語読みすると、ヨセフ。同じくポールはパウロ。欧米では、名前は親が創作するのではなく、キリストの弟子から取ることが多いと言われています。ヨセフとパウロ。日本的に言うなら、太郎と次郎くらいありふれた普通の名前です。その太郎と次郎が、世界を変えるような個性的な音楽を作りました。

翻って、国語の先生でも読めない名前を持つ皆さんはどうでしょうか。唯一無二の生き方をしていますか。他人の目ばかり気にして、自分の生き方を縛りつけていませんか。他人が敷いたレールの上を安全をモットーにして走ろうとしていませんか。

名は体を表すと言いますが、名前にふさわしい生き方を選んでほしいなあと思います。お父さんお母さんから止められたら、「お父さん、どうして僕に雄大という名前をつけたと？　雄大に生きてほしいと思ったんじゃないと？」と言ってみてはどうでしょうか。すみません、もしこの中に雄大君がいたらごめんなさい。適当に言ってみただけですから。

今日は、『君の名は。』を借りて、私の勝手な思いを述べました。

三年生は、いよいよ「センター」まで一カ月を切りました。どうですか？　苦しいですか。こういう苦しいときにどのように振る舞うかに、人間の真価は表れますね。どうか、堂々と試験日を迎えてください。

学校に吹く風

三学期
始業式式辞
平成29年
1月6日

明けましておめでとうございます。今年の年末年始は、穏やかな日々でしたね。どんな正月でしたか。皆さんそれぞれ、新年の誓いを立てて、そこに座っているんだろうと思います。

今日はまず、皆さんに謝らなければなりませんね。皆さんの中には、冬休みになったら『君の名は。』を観に行こうと楽しみにしていた人が、たくさんいたんですね。終業式のあいさつで、私は話しながら、なんか皆さんの様子がおかしいなあと思ったんですよ。私が話すたびにザワザワ、ザワザワとするから。そして、「ラストシーンで瀧と三葉は再会するのですが……」と言ったときに、皆さんのどよめきは最高潮に達しました。

終業式が終わって、いよいよ三連休とクリスマス。さあ、楽しみにしていた『君の名は。』を友達や彼氏、彼女と観に行こうと思っていた人が、たくさんいたんですね。「校長先生のバカ～」って思いながら、そこで聞いていたんですね。ごめんね。でも、まさか、封切りされて半年も経って、これから本格的に上映を始める映画館が延岡にあるなんて、夢にも思わなかったんですね。どうでしたか、実際に観て。面白かったですか。え？　結末がわかってて、面白いわけがないって？　ですよね。

さて、ここからは少し真面目な話をします。

私は一月四日にある人のお葬式に参列しました。二年生と三年生は覚えていると思います。卒業式の前日にある「同窓会入会式」で「延中かぞえ歌」という歌が、制服制帽の先輩方によって披露されます。皆さんには意味のわからない、少し変な歌に聞こえたかもしれません。言うまでもありませんが、旧制延岡中学校というのは、戦前までの学制の呼び名で、本校の前身です。戦争が終わって、延岡高等女学校と旧制延岡中学校が合併して延岡高校になりました。ですから先輩と言っても、皆さん七十代から八十代というご高齢の方々です。その中心でマイクを握って、ひときわ大きな声で歌っておられたおじいさんを覚えていますか？　越智緑朗先生といいます。越智先生のお父さんは、若山牧水の直接のお弟子さんで、宮崎県の短歌界の草分けでした。越智先生ご自身は、南中や西階中、延岡中の校長先生をなさいました。その越智先生が年末に亡くなられて、葬式が四日にあったのです。八十七歳でした。

越智先生は、「延中かぞえ歌を歌い継ぐ会」の会長でした。毎年、後輩の皆さんの前で、「延中かぞえ歌」を歌うのを楽しみにされていました。数年前には、生徒も一緒に歌えるようにと歌詞カードを配ったことがあったそうです。そしたら、越智先生の歌があちこちに飛んで、どこを歌っているのかわからなくて、次の年から歌詞を配るのを止めたんだそうです。どこを歌おうと、越智先生の歌が一番正しいのです。

告別式の最後に、同級生や先輩後輩のご高齢の皆さんが、越智先生の棺《ひつぎ》の前で、制帽を被って大きな声で、「延中かぞえ歌」を歌われました。越智先生は、「延中かぞえ歌」に送られて八十七歳の生涯を終えられました。

母校と高校時代の友人に見送られて、越智先生の人生は終わりました。卒業して七十年も経っているのに、越智先生の最期を見送ったのは、大学でも職場の方々でもなく、旧制延岡中学の歌でした。十代後半の数年間が、人生の大切な宝物だったのです。

私は、延高の出身ではありませんが、校長として日本全国で開催される同窓会に出席します。この体育館で開催される延友会には千人弱の人が参加します。それから、宮崎・福岡・大阪・名古屋・東京でも開催されます。どこに行っても、いろんな年齢層の方々が、うれしそうに楽しそうに集まってこられます。二年生・三年生は修学旅行で体験したと思いますが、毎年多くの東京在住の先輩方が、ああやって自分の後輩をそれぞれの職場で受け入れてくださるというのは、全国でも本校くらいではないでしょうか。

伝統校に入学して生活する皆さんには、きっと当たり前すぎてわからないと思いますが、伝統校には独特の空気が流れています。校風というのは、そんな学校に吹く風のことを言うのだと思いますが、伝統校の校風は、長い歳月が育んだ独特のものです。

私自身の出身高校は、創立五十年くらいです。私が学んだのは、学校が出来て十年くらいの頃でした。若い学校は伝統校に追いつこうとしますから、どうしても、学校自体が前のめりになってしまいます。だから、先生も生徒も知らないうちにせかせかして、余裕がなくなります。百年を超える伝統校のように、泰然自若としてゆったり構えることができないのです。たぶん、周りで聞いておられる延高が母校でない先生方も、そう感じておられる方は多いと思います。

その延高の校訓を知っていますか。「剛健・自治・信愛」。大正十五年に作られました。一九二六年ですから、今から、九十年前です。「剛健・自治・信愛」。どうですか。私はいま、「剛健」が少し危うくなっているような気がするのです。「剛健」とは、心身ともにたくましく、少しぐらいのことではくじけない様子のことを言います。

少し、皆さん優等生になりすぎていないかなあ、という気がするのです。自分で優等生モデルを作って、そこに自分を追い込んでいないかなあという気がします。素直なことは皆さんの美徳ですが、でも、高校生ぐらいの年頃で大人に褒められる人間は、あまり大した人間にはならないような気がします。

私はもちろん大した人間ではありませんが、そんな私は高校二年の頃、大人が大嫌いでした。私の高校時代のヒーローは、吉田拓郎というシンガーソングライターでした。私は高校二年の大晦日に、自分の部屋のひとりぼっちの年越しライブで、吉田拓郎の『イメージの歌』という曲を下手な弾き語りで大きな声で歌いました。私の高校時代は、みんなギターが弾けたんです。

古い舟には新しい水夫が乗り込んでいくだろう。
古い舟を今動かせるのは、古い水夫じゃないだろう。

今この年になって考えると、少し青臭くて稚拙な歌詞ですが、高校二年の私の気持ちにぴったりの歌でした。大人の古くさい考えを押しつけないでくれ、これからは俺たちの時代なんだ、と高校二年の私は思っていました。

皆さんはどうでしょうか。ときには先生に対してでも、涙を流しながら、「先生、納得できません！」と食ってかかるような若者であってほしいと、私は思います。いつまでも素直な優等生というだけでは、人生は渡っていけません。いつか脱皮してほしいと思います。

あの若山牧水が吸った自由で大らかな空気を皆さんも吸っているのです。せっかく伝統校で学んでいるのですから、「剛健」の気風も学んでほしいと思います。

弱者の視点から

卒業式式辞
平成29年
3月1日

ただいま卒業証書を授与されました二百四十六名の皆さん、卒業おめでとう。心からのお祝いを申し上げます。

私は皆さんが三年生になって、初めての学年集会の熱気を今でもはっきりと覚えています。三年になるまでは少し控え目に思えた皆さんが、満を持していたかのように熱い思いを爆発させた感動的な集会でした。その勢いそのままに、野球定期戦では本校で二人目になる女性応援団長を中心に熱い応援を繰り広げて、学校がひとつになりました。

そして、六月の萌樹祭。先輩たちが受け継ぎ発展させてきたこの文化祭のことを、延高生はいつしか「日本一の文化祭」と呼ぶようになりました。感動的なクラス演劇で、一年生・二年生にあるべき延高生の姿を見せつけた三年生の皆さん。伝統は守られただけでなく、皆さんによってさらに成長発展しました。秋には、皆さんにとって最後の学校行事である体育大会がありました。これまで四年間晴れ男の異名をほしいままにしてきた私でしたが、私がヒゲを伸ばし始めたせいで雨になったんだ、という皆さんの冷たい視線の中、それでも曇天を吹き飛ばすような力溢れる大会でした。

さて、世界にはいま、大きな揺り戻しの風が吹いています。イギリスがＥＵからの離脱を宣言しました。アメリカの新しい大統領は、国境に壁を築くことを公約して当選しました。第二次世界大戦後、世界はその反省から国と国との障壁をなくす方向に動いてきました。しかし、グローバル化が進み、内戦で多くの難民が行き場を失い、先進国に流入する中で、新たな問題が生じてきました。歴史は繰り返す、といいます。でも、誤った歴史は繰り返さないことが、人間の叡智のはずです。

世界の流れに、日本も無縁ではいられません。そんな中で、皆さんは十八歳で選挙権を与えられ、故郷を出ていきます。こんな時代に生きる私たちは、自らの立ち位置をどこに定めればいいのでしょうか。

今日は、そのことについて、最後に皆さんと考えてみたいと思います。

映画『タクシー・ドライバー』で有名なマーティン・スコセッシ監督が、構想してから二十年以上の歳月を経て、遠藤周作の『沈黙』という小説を、最近映画化しました。

キリスト教禁制の江戸時代に弾圧された隠れキリシタンと、ヨーロッパから布教のために苦難の末、来日して捉えられ、踏み絵を迫られる宣教師の話です。救われるべき宗教のために、こんなにも信者が苦しんでいるのに、なぜ神は沈黙しているのか、という普遍的な問いを描いた作品です。私はこの時代に、『沈黙』が再び世に問われる意味は、大きいと考えています。

この作品で、遠藤周作はキチジローという興味深い人物を造型しています。キチジローはクリスチャンです。でも、捕まって拷問を受けると他の信者が死を選ぶ中で、やすやすと踏み絵を踏んでしまいます。また、わずかなお金のためにロドリゴという宣教師を裏切って、居場所を密告してしまうのです。でも、キチジローは反省しないわけではないのです。苦しみもがいて、ロドリゴに許しを請うのです。なのにまた、裏切ってしまうのです。

もう皆さんは気付いたでしょうか。キチジローは、キリストを裏切ったユダをモデルにしています。人類史上で最も忌み嫌われたひとりである、あのユダをモデルにした人物を、遠藤周作は執拗に執拗に描くのです。なぜ、そんなことをしたのでしょうか。

遠藤は生前、日本で最もノーベル文学賞に近いとも言われた作家でした。少年時代に、あの灘中学に優秀な成績で入学します。ところが、学年を進むごとに成績は下がり、クラスも一つずつ落ちて、高校を卒業するときはほとんど最下位だったと自らのエッセイに書いています。大学受験でも苦戦し、三浪してやっと合格したのは、親が希望する医学部ではなく、親に無断で出願した文学部であったために、勘当されてしまいます。

後に作家として頭角を現し、芥川賞を受賞し、これからというときには、結核で一年以上入院し、三度の手術を受け、危篤状態に陥ったこともあります。その前半生に劣等感や病気に苦しめられたことが、遠藤にキチジローという人物を造型させたことは想像に難くありません。

自分は弱い人間だ、とキチジローは言います。でも、踏み絵に描かれた「あの人」は、弱い人間を責めることをしません。「強い者より弱い者が苦しまなかったと、誰が断言できよう」と、語りかけます。

「強い者より弱い者が苦しまなかったと、誰が断言できよう」

皆さん。私は宗教の話をしたいのではありません。これからの時代を生きる皆さんに、自分の立ち位置をどこに置くか、という話をしたいのです。

今、世界中に不寛容の嵐が吹き荒れています。日本もまた、例外ではありません。いつのまにか私たちの社会は、人が人に厳しい社会になりました。誰かが失敗すると、再び立ち上がれないほど、情け容赦ない言葉の石つぶてをぶつける社会になりました。

人間は強い人ばかりではありません。調子のいいときばかりでもありません。こんな時代だからこそ、自らを弱者の立場に置く視点、虐げられた人たちの心の痛さを想像する、心の幅を忘れない大人になってほしいと思います。特に皆さんは、優秀な人たちです。これから様々な場面で、リーダーとしての立場に立たされることが多いからこそ、しっかりと心に刻んでほしいのです。

最後になりましたが、保護者の皆様にお祝いとお礼を申し上げます。本日、ここにお子様がめでたく卒業されますことを心からお慶び申し上げます。進路の選択を目前に迫られる一方で、部活動と勉学に忙しいこの三年間は、人生で最も充実した時期であると同時に、最も苦しい時期でもあります。それを間近に見守る保護者の皆さまにとりましても、思い悩むことの多い日々ではなかったでしょうか。本当にお疲れ様でした。

また、この三年間本校にお寄せ頂いたご支援ご協力に、感謝申し上げます。皆さまのおかげで、私たち教職員は生徒の教育に専念することができました。

さて、卒業生の皆さん。いよいよ、巣立つときがきました。若いときは、誰でも修業時代です。苦しいのが当たり前です。苦しいときは、自分はいま成長しているんだと心得てください。それは、皆さんが素敵な大人になるために、必要な道のりです。小器用に振る舞って、安直な成功を求めてはいけません。

皆さんのこれからの人生が、豊かで実り多いものであることを心より祈念します。

学問のさびしさに堪えて

三学期
終業式式辞
平成29年
3月22日

昨日まで肌寒い日が続いていましたが、今日は春の陽気になりました。先ほどの大清掃も皆さん精力的に取り組んでくれました。清掃がきちんとできるというのは、本校の生命線ですね。

校長室には三人来てくれるんですが、黙々と清掃をしてくれます。私があれこれ話しかけるものだから集中できなかったのでしょう。掃除の邪魔になるから話しかけないでくれと、そう背中で語りながら校長室をきれいにしてくれました。正門横の花壇には、キンギョソウがきれいに咲いて、チューリップの葉が芽吹いてきました。「手入れをした花が咲くとうれしいね?」と聞いたら、「めっちゃうれしいです」と語ってくれました。

二、三日前から、後期日程の合格発表が始まっています。今年も大変順調で、これまで最高だった昨年の記録をさらに大きく上回って、国公立現役合格率が七〇パーセントに迫る勢いです。今年の卒業生も、最後まで諦めずにひたむきに努力する人たちでした。その努力が報われたという意味で、大変うれしい数字だと思います。

　ここで皆さんに一つお話があります。私たちは、皆さんの進路志望をひとりでも多く叶えるための手助けをするのが、本校の使命だと思っています。本校に入学する人は、一年次の進路希望調査では、九九パーセントが国公立大学を志望しています。

　経済状態が大変厳しい時代に、延岡から親元を離れて大学に進学するには多くの経費がかかります。今年の卒業生は二百四十六名でしたが、二百名近い人が高校在学中に大学での予約奨学生を申し込みました。大学を卒業して、まっさらな社会人になるときに、すでに借金を抱えてスタートしなければならないのが現状です。国公立の学費も随分高くなりましたが、それでも私学の半分くらいで済みます。ですから、国公立の希望者が多くなりますし、その希望を少しでも多く叶えるために私たちもサポートします。

　でも、どうか勘違いしないでくださいね。国公立大学と同じように、私立大学も専門学校も立派な進路だと思っています。国公立大学合格〇〇パーセントという数字を目標にする気持ちはありません。経済的に最も有利だから国公立大学を勧めますが、全員がそれを目指す必要はありません。そのことを皆さんにはっきりと言っておきたいと思います。

　実は昨日、あるクラスのロングホームルームに呼ばれて、私の愚かな高校・大学時代の話をしました。随分年の離れたおじさんの話をどのように聞いたんだろうと思っていたら、今朝校長室のドアをノックして、一通の手紙を持ってきてくれた人がいました。大変感銘を受けましたので、少し紹介させてください。

《校長先生が以前集会でお話ししてくださった中で、私の心の中に温かく降りてきた言葉があります。その言葉は、「全ての学問は哲学に通ずる」という言葉です。私はこれを聞いて気付きました。哲学は文学のことだと。

私は文学が好きです。本ばかり読んでいて、昔から本が友達でした。私には本だけでした。しかし、大学進学の話になると、文学は今の時代ダメだ。理系に進まないとちゃんとした職業につけない。安定した職につかなければ幸せになれない、と言われてきました。私は好きなことを味わうことなく死んでいくのかな、と悲しくなりました。

しかし、先生が昨日話してくださいました自身の大学の話。文学が好きだから文学部に入って、教育実習が楽しかったから国語の先生になったという話。楽しいことができる、それは幸せだということ。

私は文学が好きだという気持ち、大学に行ったらもっと沢山の本を読んでみたいという気持ちで大学に行くのはダメなのかな、甘いのかなと思って迷っていましたが、「迷ったら、やってみることが大事」という先生の教えに背中を押してもらいました。私は自分の好きな

文学をもっと広い世界で見てみたい、もっと好きになりたいです。だから、大学に行きたいと思います。（略）

「この職に就きたい」という具体的な夢がまだないのですが、文学が好きで、文学の素晴らしさを多くの人に伝えたいという思いがあるので、そういうことが出来る職に就けたらいいなと思います。》

素敵な手紙ですね。こういう知性が皆さんの中に育っていることを、私は大変うれしく誇らしく思います。

もうひとつ、推薦入学についての考え方をお話しします。今年、本校からもＡＯ入試、センターなし推薦、センターあり推薦など、多くの人がチャレンジしました。国立大学協会は、二〇二〇年までに推薦入試の定員を現在の一五パーセントから三〇パーセントに引き上げるという方針を打ち出しています。大学入試というのは、自分の強み・持ち味をいかに高く評価してもらうかという試験です。センター試験を受けて、個別前期試験という道が最も一般的ですが、なかにはリーダーシップにおいて傑出した人、コミュニケーション能力・協調性などにおいて自分の持ち味を発揮できる人もいるでしょう。従来これらの持ち味は、学力ではないかのような解釈をされてきました。

でも、そうではありません。これらは、立派な学力なのです。数学が得意なのと同じです。

ですから、それらの学力で勝負できる人は、その学力を武器にして戦いに挑めばいいのです。そのように私たちは考えています。

「学問のさびしさに堪え炭を継ぐ」という山口誓子の俳句が、私は好きです。皆さんは、国語の授業で習いましたか。「炭を継ぐ」というのは、皆さんにはわかりにくい世界かもしれません。昔は、ストーブやヒーターがありませんから、火鉢ですね。火鉢でかじかむ手を温めながら勉強するんです。すると、炭火が灰がちになるわけです。それで、炭を継ぎ足す。今で言うと、ストーブに灯油を入れる感覚でしょうか。

「学問のさびしさ」というのは、なんでしょうか。学問の世界になかなか受け入れてもらえないという無力感でしょうか。それとも、学問に向きあっているその状態でしょうか。皆さんは、夜ひとりで勉強しているときに、無性にさびしくなることはありませんか。若いというのは、さびしいと同義語ですね。夜、家族が寝静まった家で、ひとりで起きて勉強していると、ひとりぼっちで宇宙と向かい合っているような気がしたものです。皆さんは、どうでしょうか。

私たちの時代は、部屋にテレビはもちろん携帯電話もない時代です。もし、私の青春時代に携帯があったら、と想像します。人生で一番さびしいときだから、だれかとつながりたくて仕方がないときだから、電話したり、メールしたり、ラインしたりするんだろうなと思います。

私は高校時代、好きな女の子がいました。もちろんこんな高校生じゃないですよ。頭もフサフサですよ。そこは間違えないでくださいね。ときどき電話が来るんです、その好きな子から。昔の電話は、茶の間にありました。テレビがあって、コタツがあって、家族が集まっている。田舎のぶっきらぼうな高校生が、家族のいる部屋で好きな女性と話さなくてはならない恥ずかしさ、苦しさ。家族はテレビを見ているふりをして、全身耳ですよね。

もし、私の高校時代に携帯があったら、どうしていただろう。おじさんの想像です。

（男）試験が終わったら、宮崎のイオンに行かん？

（女）ごめん、部活。（謝ってる絵文字）

（男）そう、じゃ、またね。（涙の絵文字）

いえ、絵文字とかおじさんは使ったことないんですけどね。あくまでも想像です。で、五分間の失恋。振った方も振られた方もさりげなく、なるだけ傷付かないように。

私は大学生になって、その好きだった子と離ればなれになりました。手紙を書くと、返事が来るまでに一週間くらいかかるんです。その待ち遠しかったこと。毎日、大学から下宿に帰るまでドキドキしていました。今日こそ、返事がきてるんじゃないかと。でも、その時間が自分を育てたような気がします。

少し話が逸れますが、大学生になってバイトをしなければ生きていけなかったので、週に二回、ラーメン屋さんで夜のバイトをするようになりました。夜の繁華街の酔っぱらいが多い店でした。バイト生に絡んでくる客もいました。若かった私は流すということができずに、逐一言い返して、酔っ払いの客とトラブルになることが多々ありました。バイトから帰るのが、夜中の二時でした。それからひとりで悶々としながら、本を読んだり考えたりしました。初めて世の中に直接触れて、苦しかったし、さびしかったんです。その頃、作った短歌をまだ覚えています。

生きるとは妥協のことと言う人あり苦きバイトをせし夜の書に

へたくそな歌ですね。でも、ひとりで孤独に耐えて過ごした夜が、自分を育てたような気がします。

こんな便利な時代に生まれたことは皆さんの責任ではありません。でも、どう生きるかは皆さんの責任です。

《学問のさびしさに堪え炭を継ぐ》

どうか、その「さびしさ」に堪えて、学んでほしいと思います。そのさびしさが、皆さんを成長させてくれます。

さて、つかの間ではありますが、春休みが来ます。次にここに集まるときは、それぞれ学年がひとつ進んでいます。皆さんの顔が、その覚悟を持った顔であることを願っています。

あとがき

学校の先生は、よく世間知らずの代表のように言われます。その通りだと思います。そして、それでいいのだと思います。実際の世の中では、何の役にも立たないかもしれないあれこれを学ぶのが、学校だと思います。そこで夢とか理想とか、いい年をしてそんな書生のようなことを生徒の前でまじめに語るのが、学校の先生の仕事だと思います。

学校の先生は、特に人より優秀であったり、苦労人であったりするわけではありません。それでも、生徒の前で自分の思いを語る機会を他の職業よりも多く与えられます。毎日のホームルーム、授業。それから、学期のはじめであったり、一年の終わりであったり、春の異動のときであったり、実に様々な機会に思いを語らなければなりません。自分は大した人間でないことは自覚しつつ、雄弁であろうが訥弁であろうが、それを語るのが学校の先生の仕事です。

私などは世間知らずの代表のような人間ですが、校長という立場になったので、今度はさらに多くの生徒の前で語ることが仕事になりました。多くの生徒の前でエラそうに何かを語れるような人間でないことは百も承知ですが、でも苦痛ではありませんでした。それを語りかけたくて校長になったのですから。その語りかけたかったことが、この本の内容です。

儀式等で校長に与えられる時間は、おおよそ十分です。話が長くなるというのは、精神の弛緩の表れだと思っています。それで、毎回原稿を書くことにしました。でも、原稿を作ると、今度は棒読みになって気持ちがこもりません。そこで、できあがった原稿は一応持って登壇しますが、できるだけ見ないで語りかけるようにしました。

たとえば、夏休みが終わった二学期始業式の体育館。この子たちはどんな気持ちで、今ここに座っているんだろう。自分が高校生のとき、どんな思いだったか。そんなことを考えながら、語りかけました。

また、生徒に語りかける一方で、体育館の後ろで聞いている先生方のことを強く意識しました。それは同じ教育者としての姿勢を問われる場でしたし、また私の考えと学校のあり方を理解してもらういい機会でもあったからです。

今回、一冊にまとめるにあたって、儀礼的なあいさつの重複や個人名等については、かなりの部分を割愛せざるをえませんでした。お許しください。

ときどき私が話したことについて、校長室のドアをノックする生徒がいました。また、話題にしてくださる保護者がおられました。それから、褒めてくれる先生（たまにですよ）がいました。そういう人たちに支えられて、曲がりなりにも職を全うできたのだと思います。本当に有り難うございました。

二〇一七年六月

著者

［著者略歴］

段　正一郎（だん　しょういちろう）

1956年宮崎県生まれ。1978年宮崎県高校国語科教員として大宮高校に赴任。延岡工業・日南工業・大宮・都城西・福島（教頭）・大宮（教頭・副校長）として勤務した後、延岡高校長として４年間勤務。2017年３月退職。

著書に「中国右往左往日記」（1989年 鉱脈社刊）

〒889-1605　宮崎市清武町加納乙320-21

校長先生の話って
退屈なもの ですか？
学校に吹く風［2］講話編

二〇一七年七月十二日　初版発行
二〇一七年十二月一日　三刷発行

著　者　段　正一郎 ©
発行者　川口敦己
発行所　鉱脈社
〒八八〇－八五五一
宮崎市田代町二六三番地
電話　〇九八五－二五－一七五八

印刷製本　有限会社　鉱脈社